BILINGUAL STORIES FOR KIDS AGES 6-10

In Spanish and English - An Amazing Collection of 50 True Tales for Children to Learn Spanish the Easy Way

KEVIN GONZALEZ

Table of Contents

Tabla de Contenidos

Introduction

Introducción

Hello, friends! Welcome to this amazing adventure!

Are you ready to start a journey that will take you to great places and back and forth in time? Would you like to meet people that changed history? Perhaps you prefer to unveil the mysteries of nature... Don't worry!

We have chosen 50 amazing stories about several issues. You will learn a bit about nature, some historical facts, and many curious things that are hidden in different spots around the world.

In the following pages, you will find so much to learn! Moreover, you're going to have so much fun!

Are you ready? Let's go!

¡Hola, amigos! ¡Bienvenidos a esta increíble aventura!

¿Están listos para iniciar un viaje que les llevará a grandes lugares y hacia atrás y adelante en el tiempo? ¿Te gustaría conocer a personas que cambiaron la historia? Tal vez prefieras descubrir los misterios de la naturaleza... ¡No te preocupes!

Hemos elegido 50 historias sorprendentes sobre diversos temas. Aprenderás un poco sobre la naturaleza, algunos hechos históricos y muchas cosas curiosas que se esconden en distintos lugares del mundo.

En las siguientes páginas, ¡encontrarás tanto que aprender! Además, ¡te vas a divertir mucho!

¿Estás preparado? ¡Vamos!

1

INCREDIBLE INVENTIONS
INVENTOS INCREÍBLES

Do you ever wonder how everything we use in daily life was first created?

Sometimes, the greatest inventions came up by accident or by chance. However, most of them are the result of a lot of work. Usually, inventors took ideas from previous objects and designs and tried to improve them. You will see that many objects we use in the present and that are super sophisticated were actually invented many years ago. They have changed throughout time to make our lives more comfortable and simpler.

¿Alguna vez te has preguntado cómo se creó todo lo que utilizamos en la vida cotidiana?

A veces, los grandes inventos surgen por accidente o casualidad. Sin embargo, la mayoría son el resultado de mucho trabajo. Normalmente, los inventores tomaban ideas de objetos y diseños anteriores y trataban de mejorarlos. Verás que muchos objetos que utilizamos en el presente y que son súper complejos, se inventaron en realidad hace muchos años. Han ido cambiando a lo largo del tiempo para hacernos la vida más cómoda y sencilla.

The History of the Bicycle: A Journey on Two Wheels

La historia de la Bicicleta: Un viaje sobre dos ruedas

Here is a riddle! What means of transport was created first: the bicycle or the railway locomotive? It's the locomotive! Can you believe it? Even though bicycles seem much simpler to build than a locomotive, you will see that it took many designs and tests before it was practical. Let's find out how the bicycle was invented!

The first idea to develop a two-wheeled vehicle arose in Germany in 1818. Baron Karl Drais von Sauerbronn designed what he called "the running machine" or "Hobby Horse."

This first model was a bit different from modern bicycles. It was a simple wooden-made structure with two wheels but no pedals. The person sat on a little square board and pushed with their feet. It was pretty dangerous but also very fun to ride downhill!

¡Aquí tienes una adivinanza! ¿Qué medio de transporte se creó primero: la bicicleta o la locomotora de ferrocarril? ¡La locomotora! ¿Puedes creerlo? Aunque la bicicleta parece mucho más sencilla de construir que una locomotora, verás que hicieron falta muchos diseños y pruebas antes de que fuera práctica. ¡Descubramos cómo se inventó la bicicleta!

La primera idea para desarrollar un vehículo de dos ruedas surgió en Alemania en 1818. El barón Karl Drais von Sauerbronn diseñó lo que llamó "la máquina de correr" o el "Caballito de Madera".

Este primer modelo era un poco diferente de las bicicletas modernas. Era una sencilla estructura de madera con dos ruedas pero sin pedales. La persona se sentaba en una pequeña tabla cuadrada y empujaba con los pies. Era bastante peligroso, ¡pero también muy divertido ir cuesta abajo!

Some years later, a Scottish ironsmith named Kirkpatrick MacMillan took the Hobby Horse and made some improvements. Later, he was officially recognized as the inventor of the bicycle in 1839.

Algunos años más tarde, un herrero escocés llamado Kirkpatrick MacMillan tomó el "Caballito de madera" y le hizo algunas mejoras. Más tarde, fue reconocido oficialmente como el inventor de la bicicleta en 1839.

It was Mr. MacMillan who came up with the idea of adding the pedals, two articulated bars where the rider could put their feet and make the front wheel turn. To prove to everybody that his invention actually worked, he rode 60 miles to Glasgow, a city in Scotland. The bicycle still didn't have rubber tires or springs, so we can't be sure if he enjoyed the ride.

Fue el Sr. MacMillan quien tuvo la idea de añadir los pedales, dos barras articuladas donde el ciclista podía poner los pies y hacer girar la rueda delantera. Para demostrar a todo el mundo que su invento funcionaba de verdad, recorrió 100 km hasta Glasgow, una ciudad de Escocia. La bicicleta aún no tenía neumáticos de goma ni amortiguadores, así que no podemos estar seguros de que haya disfrutado del paseo.

Surprisingly, the bicycle didn't interest many people at first. It took over 25 years and many other designs to upgrade the initial model developed by MacMillan. In 1885, the English inventor John Kemp Starley created the first "safety bicycle."

Sorprendentemente, la bicicleta no interesó a mucha gente al principio. Hicieron falta más de 25 años y muchos otros diseños para mejorar el modelo inicial desarrollado por MacMillan. En 1885, el inventor inglés John Kemp Starley creó la primera "bicicleta de seguridad".

This new design included a handlebar to direct the bicycle and another key feature: a chain drive. Then, the pedals served to push both wheels at the same time. The rubber tires and gears appeared many years later, but by then, the bicycle had already become one of the most popular means of transport.

200 years later, children and grown-ups still love to ride bikes! It is not only fun and cheap, but also friendly to the planet!

Este nuevo diseño incluía un manillar para dirigir la bicicleta y otra característica clave: una transmisión por cadena. Entonces, los pedales servían para empujar las dos ruedas al mismo tiempo. Los neumáticos de goma y los engranajes aparecieron muchos años después, pero para entonces la bicicleta ya se había convertido en uno de los medios de transporte más populares.

200 años después, ¡a niños y mayores les sigue encantando montar en bicicleta! ¡No sólo es divertido y barato, sino también respetuoso con el planeta!

The First Airplane: The Wright Brothers' Dream

El primer avión: El sueño de los hermanos Wright

Have you ever wanted to meet a fairy like Tinker Bell, who can spread a bit of fairy dust on you and give you the ability to fly? You'd like Peter Pan and his friends! The Wright brothers dreamed of flying, but instead of searching for an enchanted creature, they worked hard to design a flying machine. Thanks to them, we can now travel through the skies.

Wilbur and Orville Wright were born in Dayton, Ohio. Wilbur was the youngest, and Orville was the big brother. They were both engineers and inventors. Before being interested in flying machines, they had a bicycle factory in their birth town. But they were searching for something that took them further than a bike... and higher!

¿Alguna vez has querido conocer a un hada como Campanita, capaz de esparcirte un poco de polvo de hadas y darte la capacidad de volar? ¡Te gustarían Peter Pan y sus amigos! Los hermanos Wright soñaban con volar, pero en lugar de buscar una criatura encantada, se dedicaron a diseñar una máquina voladora. Gracias a ellos, ahora podemos viajar por los cielos.

Wilbur y Orville Wright nacieron en Dayton, Ohio. Wilbur era el menor y Orville el hermano mayor. Ambos eran ingenieros e inventores. Antes de interesarse por las máquinas voladoras, tenían una fábrica de bicicletas en su ciudad natal. Pero buscaban algo que les llevara más lejos que una bicicleta... ¡y más alto!

In 1899, the brothers engaged in a project to design the first airplane. It took them 4 years to accomplish it! It wasn't an easy task. They had to create a machine that could lift off on its own, stay suspended in the air, move forward, and then go safely back to the ground.

En 1899, los hermanos se embarcaron en un proyecto para diseñar el primer aeroplano. ¡Tardaron 4 años en lograrlo! No era una tarea fácil. Tenían que crear una máquina que pudiera despegar por sí sola, mantenerse suspendida en el aire, avanzar y luego volver al suelo sin peligro.

They made many failed attempts to fly. Once, they used a huge glider to fly at Kill Devil Hills, North Carolina. Unfortunately, things didn't go very well with that experiment. For two years, the inventors continued testing more and more models. They were determined not to give up!

Hicieron muchos intentos fallidos de volar. En una ocasión, utilizaron un enorme planeador para volar en Kill Devil Hills, Carolina del Norte. Por desgracia, las cosas no fueron muy bien con ese experimento. Durante dos años, los inventores siguieron probando más y más modelos. ¡Estaban decididos a no rendirse!

Finally, on December 17, 1903, they were ready to make their first flight. The initial flying machine had two sets of wings, and it was made of wood. That day, the elder brother, Orville, was in charge of the aircraft and succeeded in completing the first piloted flight in history. The brand-new plane took off at Kitty Hawk, North Carolina, and reached 120 feet from the ground. That first flight lasted 12 seconds!

Finalmente, el 17 de diciembre de 1903, estaban listos para realizar su primer vuelo. La máquina voladora inicial tenía dos juegos de alas y estaba hecha de madera. Ese día, el hermano mayor, Orville, se puso al mando del aparato y consiguió completar el primer vuelo pilotado de la historia. El flamante avión despegó en Kitty Hawk, Carolina del Norte, y alcanzó los 120 pies del suelo. Aquel primer vuelo duró ¡12 segundos!

The Invention of the Telephone: Alexander Graham Bell's Creation

La invención del teléfono: La creación de Alexander Graham Bell

A long time ago, people couldn't talk to each other at the same time if they weren't in the same room. They had to send letters that took days or even months to reach the receiver, and by the time they did, it was already old news! You could also send a telegram, but someone else had to convey it to you, so there was no privacy. Everything changed when Alexander Graham Bell came up with his revolutionary invention.

Hace mucho tiempo, la gente no podía hablar entre sí al mismo tiempo si no estaban en la misma habitación. Tenían que enviar cartas que tardaban días o incluso meses en llegar al destinatario y, cuando lo hacían, ya eran noticias viejas. También se podía enviar un telegrama, pero otra persona tenía que hacértelo llegar, así que no había privacidad. Todo cambió cuando Alexander Graham Bell creó su revolucionario invento.

Alexander and his father were working on an idea to help his mother, who was hard of hearing, to communicate better with them. They wanted to transfer sounds through wires. They were trying to adapt the features of the telegraph.

Alexander y su padre estaban trabajando en una idea para ayudar a su madre, que tenía problemas de audición, a comunicarse mejor con ellos. Querían transferir sonidos a través de cables. Intentaban adaptarlo a las características del telégrafo.

Bell drew many designs and carried out many experiments with his partner, Mr. Watson. Finally, they created a machine that took sounds made by a voice, turned them into vibrations, and transferred them through a thin metal sheet. When that vibration reached the end, the sounds became the voice again. Isn't that amazing?

The first telephone conversation was between Alexander Graham Bell and Mr. Watson. It took place in Bell's laboratory in Boston in 1876. Alexander sent the message "Mr. Watson, come here" to the other man who was in the next room.

If you want to do an experiment yourself to check how Alexander's idea worked, here's an easy experiment. Pick two tins and join them by a wire. Ask a friend to help you, as Alexander did with Mr. Watson. Each of you picks a tin and stands in distant places. Then, one of you says something inside one of the tins. Can your friend listen through the other tin?

Bell dibujó muchos diseños y realizó muchos experimentos con su compañero, el Sr. Watson. Finalmente, crearon una máquina que tomaba los sonidos emitidos por una voz, los convertía en vibraciones y las transfería a través de una fina lámina de metal. Cuando esa vibración llegaba al final, los sonidos volvían a convertirse en la voz. ¿No es asombroso?

La primera conversación telefónica fue entre Alexander Graham Bell y el Sr. Watson. Tuvo lugar en el laboratorio de Bell en Boston en 1876. Alexander envió el mensaje "Sr. Watson, venga aquí" al otro hombre que estaba en la habitación de al lado.

Si quieres hacer tú mismo un experimento para comprobar cómo funcionaba la idea de Alexander, aquí tienes un experimento fácil. Elige dos latas y únelas con un alambre. Pide a un amigo que te ayude, como hizo Alexander con el Sr. Watson. Cada uno de ustedes toma una lata y se coloca en lugares distantes. Entonces, uno de los dos dirá algo dentro de una de las latas. ¿Tu amigo puede escuchar a través de la otra lata?

The Advent of the Electric Car: Driving Into the Future

El advenimiento del coche eléctrico: Conduciendo hacia el futuro

If you thought we were going to tell you about Doc's car from *Back to the Future*, we are not, although it is pretty cool. This type of car is a different way to travel in time. They are a new environmentally friendly means of transport.

Si pensabas que te íbamos a hablar del coche de Doc de *Volver al Futuro*, no es así, aunque es bastante cool. Este tipo de coches son una forma diferente de viajar en el tiempo. Son un nuevo medio de transporte respetuoso con el medio ambiente.

Electric cars are very popular in the present, but the truth is that they were invented over 150 years ago. The first electric car was created by a Hungarian inventor, Ányos Jedlik, in 1828. On the other side of the world, a U.S. blacksmith built a very similar one. They use what is called “clean energy,” since they don't work with gasoline but with electricity. Therefore, the engines don't send harmful fumes into the atmosphere.

Los coches eléctricos son muy populares en la actualidad, pero lo cierto es que se inventaron hace más de 150 años. El primer coche eléctrico fue creado por un inventor húngaro, Ányos Jedlik, en 1828. Al otro lado del mundo, un herrero estadounidense construyó uno muy similar. Utilizan lo que se llama "energía limpia", ya que no funcionan con gasolina sino con electricidad. Por tanto, los motores no emiten humos nocivos a la atmósfera.

Even though electric cars are quite old, most people don't have one. Cars that use gasoline are the most common. That's because electric cars were very impractical for a long time. They worked with batteries, and when they drained, the cars stopped. It wasn't so easy to change batteries anywhere. The greatest innovation came with the invention of rechargeable batteries. Instead of changing the batteries, people could recharge them in special stations or at home.

Aunque los coches eléctricos son bastante antiguos, la mayoría de la gente no tiene uno. Los coches que usan gasolina son los más comunes. Eso se debe a que los coches eléctricos fueron muy poco prácticos durante mucho tiempo. Funcionaban con baterías, y cuando se agotaban, los coches se paraban. No era tan fácil cambiar las baterías en cualquier sitio. La mayor innovación llegó con la invención de las baterías recargables. En lugar de cambiar las baterías, la gente puede recargarlas en estaciones especiales o en casa.

By 1920, eclectic cars were very popular in big commercial cities like New York. They were the favorite of taxi drivers, who were the first users. In London and Berlin, hotels had electric cars with hired drivers to carry their guests around the city.

Hacia 1920, los coches eclécticos se hicieron muy populares en las grandes ciudades comerciales como Nueva York. Eran los preferidos de los taxistas, que fueron los primeros usuarios. En Londres y Berlín, los hoteles tenían coches eléctricos con conductores contratados para llevar a sus huéspedes por la ciudad.

Then, this type of vehicle was replaced by cars with engines that worked with gasoline. Henry Ford created his Ford Model T, and it was much cheaper than an electric car. However, in 1973, there was an oil crisis in the world. There wasn't enough to supply all the countries with gasoline. That's when electric cars reappeared again as a better option.

Después, este tipo de vehículo fue sustituido por coches con motores que funcionaban con gasolina. Henry Ford creó su Ford Modelo T, y era mucho más barato que un coche eléctrico. Sin embargo, en 1973, hubo una crisis del petróleo en el mundo. No había suficiente para abastecer de gasolina a todos los países. Fue entonces cuando los coches eléctricos reaparecieron de nuevo como una mejor opción.

The Evolution of the Camera: Capturing Memories

La evolución de la cámara: Capturando recuerdos

Once upon a time, you took a photo with a camera that had a film roll, and you couldn't see them until they were printed in a special photosensitive sheet.

Hace mucho tiempo, las fotos se hacían con una cámara que tenía un rollo de película y no se veían hasta que se imprimían en una hoja fotosensible especial.

You will be surprised to learn that the first camera was created in China over 2,000 years ago. However, it didn't take photographs as we know them yet. It was called the "camera obscura" and had a little hole to let the light pass through and project on a screen.

Te sorprenderá saber que la primera cámara se creó en China hace más de 2.000 años. Sin embargo, aún no hacía fotografías tal y como las conocemos. Se llamaba "cámara oscura" y tenía un pequeño orificio para dejar pasar la luz y proyectarla en una pantalla.

That idea evolved thanks to the contribution of many inventors throughout the centuries. Finally, in 1826, a French scientist could fix the projected image on a sheet of paper by using silver chloride. That's the oldest photograph in the world. You can see it displayed at the University of Texas in Austin.

Esa idea evolucionó gracias a la contribución de muchos inventores a lo largo de los siglos. Finalmente, en 1826, un científico francés pudo fijar la imagen proyectada en una hoja de papel utilizando cloruro de plata. Es la fotografía más antigua del mundo. Puedes verla expuesta en la Universidad de Texas, en Austin.

Here's a curious fact! The first cameras took a long time to shoot a photograph. If the object moved, the photographs turned out blurry. Therefore, people chose not to smile because it was easier to hold a serious face for many seconds. That's why you will see solemn faces in old photos!

¡Un dato curioso! Las primeras cámaras tardaban mucho tiempo en tomar una fotografía. Si el objeto se movía, las fotografías salían borrosas. Por eso, la gente optaba por no sonreír, porque era más fácil mantener una cara seria durante muchos segundos. ¡Por eso se ven caras serias en las fotos antiguas!

Cameras with film rolls were created shortly after the first instantaneous cameras. In 1888, George Eastman created a camera called Kodak. Soon, users could put in and remove the 35 mm film roll that allowed them to take 36 photographs. You couldn't know how they turned out until you finished the roll and had them developed!

Las cámaras con rollos de película se crearon poco después de las primeras cámaras instantáneas. En 1888, George Eastman creó una cámara llamada Kodak. Pronto, los usuarios podían poner y quitar el rollo de película de 35 mm que les permitía hacer 36 fotografías. ¡No podías saber cómo habían salido hasta que terminabas el rollo y las revelabas!

In 1999, digital cameras were invented. With them, you can take limitless photographs, or at least as many as the camera's memory can store. Then, you can save them on other devices, erase them and have space for more.

En 1999 se inventaron las cámaras digitales. Con ellas, puedes hacer fotografías ilimitadas, o al menos tantas como pueda almacenar la memoria de la cámara. Luego, puedes guardarlas en otros dispositivos, borrarlas y tener espacio para más.

The Light bulb Moment: Thomas Edison's Bright Idea

El momento de la bombilla: La brillante idea de Thomas Edison

One of the greatest inventions of humankind was fire, not only because it provided heat and scared beasts away, but with fire, people could also light up the dark. We are so used to having light all day that we probably don't realize how important it is in our lives.

Uno de los mayores inventos de la humanidad fue el fuego, no sólo porque proporcionaba calor y ahuyentaba a las fieras, sino porque con él también se podía iluminar la oscuridad. Estamos tan acostumbrados a tener luz todo el día que probablemente no nos damos cuenta de lo importante que es en nuestras vidas.

On New Year's Eve in 1879, the people of New Jersey gathered at a scientist's lab in Menlo Park. It belonged to Mr. Thomas Edison, and they were there to see the demonstration of a revolutionary invention. Edison and his team were about to display the incandescent light. They had worked hard to develop an affordable lightbulb. Many scientists in America and Europe worked on similar projects, but it was Mr. Edison who finally achieved it and proved to the crowd that it worked.

En la Nochevieja de 1879, los habitantes de Nueva Jersey se reunieron en el laboratorio de un científico en Menlo Park. Pertenecía al Sr. Thomas Edison, y estaban allí para ver la demostración de un invento revolucionario. Edison y su equipo estaban a punto de presentar la luz incandescente. Habían trabajado duro para desarrollar una bombilla económica. Muchos científicos de América y Europa trabajaron en proyectos similares, pero fue el Sr. Edison quien finalmente lo consiguió y demostró a la multitud que funcionaba

The invention is claimed by many inventors of the time period. For instance, an English physicist and electrician Sir Joseph Wilson Swan made a similar demonstration a few years later, but it doesn't take the credit from Edison, who carried out hundreds of experiments, trying different materials until he found one that would be cheap and easy to produce.

El invento fue reivindicado por muchos inventores de la época. Por ejemplo, un físico y electricista inglés, Sir Joseph Wilson Swan, hizo una demostración similar unos años más tarde, pero no le quita el mérito a Edison, que llevó a cabo cientos de experimentos, probando diferentes materiales hasta que encontró uno que fuera barato y fácil de producir.

It was also very important for industry and business. With light, people could work at night with safer artificial illumination. Before the lightbulb was invented by Edison, people used candlelight. That was very dangerous in textile factories and in coal mines, where there were all types of flammable gasses. A fire could get started at any moment! The use of lightbulbs reduced the risks of fire, improving safety conditions.

También fue muy importante para la industria y los negocios. Con la luz, la gente podía trabajar de noche con una iluminación artificial más segura. Antes de que Edison inventara la bombilla, la gente utilizaba la luz de las velas. Eso era muy peligroso en las fábricas textiles y en las minas de carbón, donde había todo tipo de gases inflamables. Podía producirse un incendio en cualquier momento. El uso de bombillas redujo los riesgos de incendio, mejorando las condiciones de seguridad.

Mr. Edison's brilliant idea didn't only change people's lives forever, but it also changed how the world looks today. The lightbulb made it possible to bring electricity to light the cities. Can you imagine modern cities without their bright lights at night? A little scary, isn't it?

La brillante idea del Sr. Edison no sólo cambió para siempre la vida de las personas, sino también el panorama del mundo actual. La bombilla hizo posible que la electricidad iluminara las ciudades. ¿Te imaginas las ciudades modernas sin sus brillantes luces por la noche? Da un poco de miedo, ¿verdad?

The Origins of Paper: An Ancient Invention

Los orígenes del papel: Un antiguo invento

If you had to list what paper is used for, you'd think first of books, notebooks for school, or newspapers. And yes, you might also think that all of those things are now available on the screens of several digital devices. Is paper still useful? Definitely! Paper has a lot of different uses, even in the digital era, and it was invented almost 2,000 years ago.

Si tuvieras que hacer una lista de los usos del papel, pensarías primero en libros, cuadernos para la escuela o periódicos. Y sí, también podrías pensar que todas esas cosas están ahora disponibles en las pantallas de varios dispositivos digitales. ¿Sigue siendo útil el papel? ¡Por supuesto! El papel tiene muchos usos diferentes, incluso en la era digital, y se inventó hace casi 2.000 años.

A man named Ts'ai Lun, who worked at the court of Emperor Hedi of the Han Dynasty in ancient China, presented his invention to the ruler: paper. Writing and keeping accounts were important for all the great civilizations in history. Before paper was invented, they wrote on stone, bone, and other materials taken from plants like the Egyptians' papyrus. In China, they recorded information on bamboo strips, silk, or wood. Paper was much lighter and less costly.

Un hombre llamado Ts'ai Lun, que trabajaba en la corte del emperador Hedi de la dinastía Han en la antigua China, presentó su invento al gobernante: el papel. Escribir y llevar la contabilidad era importante para todas las grandes civilizaciones de la historia. Antes de que se inventara el papel, escribían en piedra, hueso y otros materiales extraídos de plantas, como el papiro de los egipcios. En China, registraban la información en tiras de bambú, seda o madera. El papel era mucho más ligero y menos costoso.

There's a story that explains that paper was invented accidentally. People left clothes made of a plant called hemp in water longer than usual. It turned into small pieces of residue. Lun saw that brand-new material and found that if he pressed it, it turned into sheets that could be used for writing.

Hay una historia que explica que el papel se inventó accidentalmente. La gente dejaba la ropa hecha de una planta llamada cáñamo en agua más tiempo del habitual. Se convertía en pequeños trozos de residuo. Lun vio ese nuevo material y descubrió que, si lo prensaba, se convertía en hojas que podían utilizarse para escribir.

Paper makers continued trying different materials to produce paper. Hemp was replaced with rattan, another plant. Later, when paper became popular in the Chinese Empire and abroad, the demand increased. Therefore, they needed to produce more and more paper. Soon, rattan became scarce in many regions. It is a species that grows very slowly, so they ran out of raw materials.

Los fabricantes de papel siguieron probando diferentes materiales para producir papel. El cáñamo fue sustituido por el ratán, otra planta. Más tarde, cuando el papel se hizo popular en el Imperio Chino y en el extranjero, la demanda aumentó. Por lo tanto, necesitaban producir cada vez más papel. Pronto, el ratán empezó a escasear en muchas regiones. Es una especie que crece muy lentamente, por lo que se quedaron sin materia prima.

To solve this problem, they started making paper from another plant that grew faster and was also abundant in the region: bamboo. The Chinese were able to produce enough paper to not only supply the empire but also to sell to European countries through the Silk Road.

Para solucionar este problema, empezaron a fabricar papel con otra planta que crecía más rápido y también era abundante en la región: el bambú. Los chinos consiguieron producir papel suficiente no sólo para abastecer al imperio, sino también para venderlo a los países europeos a través de la Ruta de la Seda.

The Television: Bringing Stories to Life

La televisión: Historias que cobran vida

What is your favorite TV show? Do you prefer to watch a TV program or a series on an online streaming service? Not long ago, children didn't have both options. Movies and cartoons were broadcast on television. It became the main source of entertainment and information for the whole family!

¿Cuál es tu programa de televisión favorito? ¿Prefieres ver un programa de televisión o una serie en un servicio de streaming online? No hace mucho, los niños no tenían ambas opciones. Las películas y los dibujos animados se emitían por televisión. ¡Esta se convirtió en la principal fuente de entretenimiento e información para toda la familia!

The first televisions had a mechanical system to project images. They consisted of a transmitter and a receiver both with holed disks. It could only work in a very dark room. Later, technology advanced, and electronic televisions came out. They worked with a cathode ray tube (CRT). The first thing broadcast on television was a straight line. Of course, this wasn't very interesting to catch the audience's interest.

Los primeros televisores tenían un sistema mecánico para proyectar imágenes. Constaban de un transmisor y un receptor, ambos con discos perforados. Sólo podían funcionar en una habitación muy oscura. Más tarde, la tecnología avanzó y aparecieron los televisores electrónicos. Funcionaban con un tubo de rayos catódicos (TRC). Lo primero que se emitió por televisión fue una línea recta. Por supuesto, esto no era muy interesante para captar el interés de la audiencia.

The first television station in the United States was based on a mechanical system. It was called W3XK and aired in 1928. However, it wasn't until 1936 that television had its first important massive transmission: the Olympic Games in Berlin. The TV station Telefunken broadcast the event. Shortly after, the English TV station BBC broadcast King George VI's coronation and the tennis tournament at Wimbledon.

La primera emisora de televisión de Estados Unidos se basaba en un sistema mecánico. Se llamaba W3XK y salió al aire en 1928. Sin embargo, no fue hasta 1936 cuando la televisión tuvo su primera transmisión masiva importante: los Juegos Olímpicos de Berlín. La cadena Telefunken retransmitió el acontecimiento. Poco después, la cadena inglesa BBC transmitió la coronación del rey Jorge VI y el torneo de tenis de Wimbledon.

In the United States, one of the most important moments of television's early stage was the opening ceremony of The New York World's Fair. President Franklin D. Roosevelt gave a speech, and Albert Einstein appeared on the screen. It was broadcast by NBC, which already had a daily two-hour program schedule on air.

En los Estados Unidos, uno de los momentos más importantes de la primera etapa de la televisión fue la ceremonia de inauguración de la Feria Mundial de Nueva York. El Presidente Franklin D. Roosevelt pronunció un discurso y Albert Einstein apareció en la pantalla. Fue transmitido por la NBC, que ya tenía en emisión una programación diaria de dos horas.

In 1954, a new innovation made televisions even more fabulous: They projected color images. Television then allowed us to bring everything that happened in the world to anyone's living room, and it also brought incredible stories to life.

By 1950, only a few houses in the US had a television. Nowadays, 97% of families have at least one TV in the home, and 80% of people watch television at least five hours a day.

En 1954, una gran innovación hizo que los televisores fueran aún más fabulosos: Proyectaban imágenes en color. La televisión permitió entonces llevar al salón de cualquier casa todo lo que ocurría en el mundo, y también dio vida a historias increíbles.

En 1950, sólo unas pocas casas de Estados Unidos tenían televisión. Hoy en día, el 97% de las familias tienen al menos un televisor en casa, y el 80% de las personas ven la televisión al menos cinco horas al día.

The Automobile: A Road to Freedom

El automóvil: Un camino hacia la libertad

Cars give us the possibility to travel short or long distances in the most comfortable way, but have cars always been as they are today?

Los coches nos dan la posibilidad de recorrer distancias cortas o largas de la forma más cómoda, pero ¿han sido siempre como son hoy en día?

People throughout time had the need to travel, and, therefore, many individual carriages have been invented since ancient times. The main difference between a car and other types of carriages is that a car is a self-propelled vehicle. It works with some type of energy produced by the inner combustion of its engine.

A lo largo de los tiempos, la gente ha tenido la necesidad de viajar y, por eso, desde la antigüedad se han inventado muchos tipos de transporte. La principal diferencia entre un coche y otros tipos de transporte terrestre, es que un coche es un vehículo autopropulsado. Funciona con algún tipo de energía producida por la combustión interna de su motor.

As you learned earlier, some of the first experiments to build such a vehicle used electricity to power the machine. However, during the 19th century (the 1800s), many scientists worked on developing an engine that was powered by internal little explosions that made a system of gears.

Como has aprendido antes, algunos de los primeros experimentos para construir un vehículo de este tipo utilizaban electricidad para impulsar la máquina. Sin embargo, durante el siglo XIX (la década de 1800), muchos científicos trabajaron en el desarrollo de un motor impulsado por pequeñas explosiones internas que formaban un sistema de engranajes.

The first successful model of a car with this type of engine was created by the German engineer Karl Benz. Have you ever heard that name related to cars? This car was first built in 1885, and its engine was powered with gas. Mr. Benz's company (Benz & Cie) became the most important car manufacturer in the world for several decades.

El primer modelo exitoso de coche con este tipo de motor fue creado por el ingeniero alemán Karl Benz. ¿Ha oído alguna vez ese nombre relacionado con los coches? Este coche se fabricó por primera vez en 1885 y su motor funcionaba con gas. La empresa del Sr. Benz (Benz & Co.) se convirtió en la fabricante de automóviles más importante del mundo durante varias décadas.

However, Germany wasn't the only country interested in cars. In France, other mechanical engineers also worked to develop more powerful engines to make faster cars. Armand Peugeot—another familiar name—also opened a factory to manufacture cars. It was the first car factory to manufacture all the parts for the engine and the car body parts.

Sin embargo, Alemania no era el único país interesado en los automóviles. En Francia, otros ingenieros mecánicos también trabajaban en el desarrollo de motores más potentes para fabricar coches más rápidos. Armand Peugeot -otro nombre conocido- también abrió una fábrica para fabricar automóviles. Fue la primera fábrica de automóviles en fabricar todas las piezas del motor y de la carrocería.

In 1895, the first car race in history was held in France, from Paris to Bordeaux and back. The winner reached a speed of 15 miles per hour, and it was one of Peugeot's cars.

En 1895 se celebró en Francia la primer carrera de coches de la historia, de París a Burdeos y de vuelta. El ganador alcanzó una velocidad de 24 km/h, y fue uno de los coches de Peugeot.

The Creation of the Computer: Changing the Way We Live

La creación de la computadora: Cambiando nuestra forma de vivir

They play such an important role in our lives that we can't imagine how everything was done before them! Who invented the first computer?

Estas desempeñan un papel tan importante en nuestras vidas que no podemos imaginar cómo se hacía todo antes de ellas. ¿Quién inventó la primera computadora?

The first computer designs were developed by mathematicians and engineers who were trying to solve some very complex calculating challenges. They wanted to create a machine that could make many different simultaneous calculations. Charles Babbage developed the first model in 1822, but a computer based on his idea wasn't built until 1991! However, a lot of things happened in the middle!

Las primeras computadoras fueron diseñadas por matemáticos e ingenieros que intentaban resolver problemas de cálculo muy complejos. Querían crear una máquina que pudiera realizar muchos cálculos simultáneos diferentes. Charles Babbage desarrolló el primer modelo en 1822, ¡pero no se construyó una computadora basada en su idea hasta 1991! Sin embargo, ¡muchas cosas sucedieron en el medio!

For instance, in 1848 an English mathematician wrote the first computer program. It was a woman named Ada Lovelace, and she was the daughter of a famous poet: Lord Byron.

Por ejemplo, en 1848 una matemática inglesa escribió el primer programa informático. Era una mujer llamada Ada Lovelace, y era hija de un famoso poeta: Lord Byron.

Many years later, in 1936, Alan Turing developed the modern computer system. He created a machine called The Bombe, and it was used to decipher the enemy's secret codes during World War II.

Muchos años después, en 1936, Alan Turing desarrolló el sistema informático moderno. Creó una máquina llamada La Bombe, y se utilizó para descifrar los códigos secretos del enemigo durante la Segunda Guerra Mundial.

In 1938, a German engineer was the first one to finally create an electromechanical computer. His name was Konrad Zuse, and he named his invention Z1. It was made of about 12,500 pieces of metal that he cut and assembled himself in his parent's living room! After two attempts, he built the Z3, an improved version. This one looked much more like the computers we know: It had a monitor with a 21-inch screen and a keyboard.

En 1938, un ingeniero alemán fue el primero en crear finalmente un ordenador electromecánico. Se llamaba Konrad Zuse y bautizó su invento como Z1. Estaba hecho de unas 12.500 piezas de metal que él mismo cortó y ensambló en el salón de casa de sus padres. Tras dos intentos, construyó el Z3, una versión mejorada. Ésta se parecía mucho más a los ordenadores que conocemos: Tenía un monitor con una pantalla de 21 pulgadas y un teclado.

However, the ENIAC, or “the Giant Brain,” is recognized worldwide as the first electronic digital computer. It was so big that it was placed in a huge room, and needed a lot of electricity to be powered on. The ENIAC computer took 20 seconds to solve a calculation. Now, that may seem like a lot of time, but all the previous models would have taken 40 hours!

Sin embargo, el ENIAC, o "el cerebro gigante", es reconocido mundialmente como el primer ordenador digital electrónico. Era tan grande que se colocaba en una sala enorme y necesitaba mucha electricidad para encenderse. La computadora ENIAC tardaba 20 segundos en resolver un cálculo. Puede parecer mucho tiempo, ¡pero todos los modelos anteriores habrían tardado 40 horas!

2

INSPIRING PEOPLE
PERSONAS INSPIRADORAS

Every person leaves an important mark on the world. However, there are some people that go a little further: They inspire others to pursue a better present and a promising future.

Todas las personas dejan una huella importante en el mundo. Sin embargo, hay algunas personas que van un poco más allá: Inspiran a otros a perseguir un presente mejor y un futuro prometedor.

In this chapter, you are going to read about men and women that are remembered for what they did and for the powerful messages they left us with their actions.

En este capítulo, vas a leer sobre hombres y mujeres que son recordados por lo que hicieron y por los poderosos mensajes que nos dejaron con sus acciones.

Marie Curie: A Pioneer in Science

Marie Curie: Una pionera en la ciencia

She was born in Poland in 1867. Her full name was Maria Sklodowska, and her father was a schoolteacher. He introduced young Marie to science at a time when girls didn't have as many educational opportunities as boys. She loved studying, so when she grew up, she moved to Paris to attend Sorbonne University. There, she earned degrees in physics and mathematical sciences.

Ella nació en Polonia en 1867. Su nombre completo era Maria Sklodowska y su padre era maestro de escuela. Inició a la joven Marie en la ciencia en una época en la que las niñas no tenían tantas oportunidades educativas como los niños. Le encantaba estudiar, así que cuando creció se trasladó a París para asistir a la Universidad de la Sorbona. Allí se licenció en Física y Matemáticas.

While she studied, she met Pierre Curie, a physics professor at the university, and they soon got married. They were going to make amazing discoveries together.

Mientras estudiaba, conoció a Pierre Curie, profesor de física de la universidad, y pronto se casaron. Juntos harían descubrimientos asombrosos.

Life wasn't easy for Marie and Pierre. They had to work many hours of teaching to earn a living. In their spare time, they also worked in their laboratory. They didn't know it yet, but they were going to make amazing contributions to science.

La vida no fue fácil para Marie y Pierre. Tenían que dedicar muchas horas a la enseñanza para ganarse la vida. En su tiempo libre, también trabajaban en su laboratorio. Aún no lo sabían, pero iban a hacer contribuciones asombrosas a la ciencia.

The Curies learned about the recent discovery of radioactivity. After she learned about it, Marie dedicated herself to carrying out different experiments. After all her research, Marie discovered two new chemical elements: polonium, named after her birthplace, and radium. She was able to separate radium from radioactive waste and also learned that some materials emitted certain rays. She called it radioactivity.

Los Curie se enteraron del reciente descubrimiento de la radiactividad. Luego de conocerlo, Marie se dedicó a realizar diferentes experimentos. Después de todas sus investigaciones, Marie descubrió dos nuevos elementos químicos: el polonio, llamado así por su lugar de nacimiento, y el radio. Fue capaz de separar el radio de los residuos radiactivos y también aprendió que algunos materiales emitían ciertos rayos. Ella lo llamó radiactividad.

The results of her research are part of our daily life. She found out that radioactivity had many useful applications, especially in the medical field. During World War I, Marie and her daughter Irene organized an X-ray team to assist injured soldiers. They helped save many lives.

Los resultados de sus investigaciones forman parte de nuestra vida cotidiana. Descubrió que la radiactividad tenía muchas aplicaciones útiles, especialmente en el campo de la medicina. Durante la Primera Guerra Mundial, Marie y su hija Irene organizaron un equipo de rayos X para ayudar a los soldados heridos. Ellas ayudaron a salvar muchas vidas.

Her discoveries are still used today to alleviate suffering and treat illnesses. Unfortunately, Pierre and Marie were exposed excessively to the effects of radium. In the long run, it severely damaged their health.

Sus descubrimientos se siguen utilizando hoy en día para aliviar el sufrimiento y tratar enfermedades. Por desgracia, Pierre y Marie se expusieron en exceso a los efectos del radio. A la larga, esto dañó gravemente su salud.

Marie was the first person to obtain two Nobel prizes in different disciplines: In 1903, she was laureated for physics and in 1911 for chemistry.

Marie fue la primera persona en obtener dos premios Nobel en disciplinas diferentes: En 1903 se le concedió el de Física y en 1911 el de Química.

Mahatma Gandhi: A Leader of Peace

Mahatma Gandhi: Un líder de paz

His full name was Mohandas Karamchand Gandhi, but people called him Mahatma, which means "great soul." He led his nation to freedom by fighting with no weapons.

Mohandas was born in 1869 in a little town in India. At the time, the country was under Great Britain's power. India had been a British colony for many centuries, but Indian people were tired of that domination. They wanted to be an independent state.

Su nombre completo era Mohandas Karamchand Gandhi, pero la gente le llamaba Mahatma, que significa "alma grande". Condujo a su nación hacia la libertad luchando sin armas.

Mohandas nació en 1869 en un pequeño pueblo de la India. En aquella época, el país estaba bajo el poder de Gran Bretaña. La India había sido colonia británica durante muchos siglos, pero el pueblo indio estaba cansado de esa dominación. Querían ser un Estado independiente.

Gandhi lived for some time in South Africa, where he suffered discrimination for the color of his skin and for being Indian. Once, he took a train in Pretoria, and a white man refused to share the compartment with him. Mohandas didn't argue with the man, but he also refused to sit in the back of the train. On that occasion, Mahatma was forced to get off the train. After that, he decided that he would fight against injustice but in a non-violent way.

Gandhi vivió algún tiempo en Sudáfrica, donde sufrió discriminación por el color de su piel y por ser indio. Una vez, tomó un tren en Pretoria y un hombre blanco se negó a compartir el compartimento con él. Mohandas no discutió con el hombre, pero también se negó a sentarse en la parte trasera del tren. En aquella ocasión, Mahatma se vio obligado a bajarse del tren. Después de aquello, decidió que lucharía contra la injusticia, pero de forma no violenta.

During his time in the African country, Gandhi organized his first non-violent movement asking the local government to respect Indian citizens' rights. He called it "*Satyagraha,*" meaning "truth and steadiness."

Durante su estancia en el país africano, Gandhi organizó su primer movimiento no violento para pedir al gobierno local que respetara los derechos de los ciudadanos indios. Lo llamó "*Satyagraha*", que significa "verdad y firmeza".

In 1915, Mahatma went back home and started a peaceful campaign to fight for freedom. Dressed in a simple loincloth and a shawl, he dedicated himself to prayer, meditation, and fasting. Soon, he became a popular figure, and his message of equality, freedom, and peace spread all over the world. He called people to join him in massive peaceful demonstrations against British power. He endured many periods of imprisonment and conflicts with his own people.

After many years, Gandhi's non-violent methods eventually led India to its independence. Great Britain decided to withdraw in 1947, and India became a free country. In a world where there are so many conflicts, Mahatma Gandhi's words are still necessary: "There is no path to peace. Peace is the path."

En 1915, Mahatma regresó a su país e inició una campaña pacífica para luchar por la libertad. Vestido con un sencillo taparrabos y un chal, se dedicó a rezar, meditar y ayunar. Pronto se convirtió en una figura popular y su mensaje de igualdad, libertad y paz se extendió por todo el mundo. Convocó a la gente a unirse a él en multitudinarias manifestaciones pacíficas contra el poder británico. Soportó muchos periodos de encarcelamiento y conflictos con su propio pueblo.

Después de muchos años, los métodos no violentos de Gandhi llevaron finalmente a la India a su independencia. Gran Bretaña decidió retirarse en 1947, y la India se convirtió en un país libre. En un mundo donde hay tantos conflictos, las palabras de Mahatma Gandhi siguen siendo necesarias: "No hay un camino hacia la paz. La paz es el camino".

Rosa Parks: A Brave Stand for Equality

Rosa Parks: Una valiente defensora de la igualdad

About 80 years ago, Black people didn't have the same rights as the rest of the population. For instance, Black people weren't allowed to eat at the same restaurants, shop in the same stores, or use the same drinking fountains. Thanks to many brave men and women who fought against inequality, racism, and discrimination, today we live in a better country. One of those women was Rosa Parks.

Hace unos 80 años, los afrodescendientes no tenían los mismos derechos que el resto de la población. Por ejemplo, a las personas negras no se les permitía comer en los mismos restaurantes, comprar en las mismas tiendas o utilizar las mismas fuentes de agua potable. Gracias a muchos hombres y mujeres valientes que lucharon contra la desigualdad, el racismo y la discriminación, hoy vivimos en un país mejor. Una de esas mujeres fue Rosa Parks.

Rosa was born in Tuskegee, Alabama, and her grandparents had been enslaved people. She grew up in a state where racism was still very strong. The government established several rules to separate Black and White citizens.

Rosa nació en Tuskegee, Alabama, y sus abuelos habían sido esclavos. Creció en un estado donde el racismo era todavía muy fuerte. El gobierno estableció varias normas para separar a los ciudadanos negros de los blancos.

Rosa lived and worked in Montgomery. Once, after work, she took a bus to go back home and sat in one of the rows assigned to colored people. There was a line near the middle of the bus that divided the seats for Black and White passengers.

Rosa vivía y trabajaba en Montgomery. Una vez, después del trabajo, tomó un autobús para volver a casa y se sentó en una de las filas asignadas a la gente de color. Había una línea cerca de la mitad del autobús que dividía los asientos para pasajeros negros y blancos.

That day, the bus where Rosa was traveling was full, and White passengers kept boarding. The driver stopped the bus and told the Black passengers to move backward to free seats for the White people. Three of them complied, but Rosa didn't. She remained in her place.

Ese día, el autobús en el que viajaba Rosa estaba lleno y los pasajeros blancos seguían subiendo. El conductor paró el autobús y dijo a los pasajeros negros que se fueran hacia atrás para liberar asientos para los blancos. Tres de ellos cumplieron, pero Rosa no lo hizo. Se quedó en su sitio.

When the bus driver asked her why she wouldn't leave her seat to sit with the others, she simply answered, "I don't think I should have to stand up." The driver called the police, and Rosa was arrested that afternoon. However, this didn't discourage her.

Cuando el conductor del autobús le preguntó por qué no abandonaba su asiento para sentarse con los demás, ella simplemente respondió: "No creo que deba levantarme". El conductor llamó a la policía y Rosa fue detenida esa misma tarde. Sin embargo, esto no la desanimó.

Her brave action inspired her community to raise their voices and fight for their rights. In December 1955, the African American community organized the Montgomery Bus Boycott. No Black person would take the bus to school or work. They'd walk or take a cab, those who could afford it, and they also organized a carpool system to replace the buses. That boycott lasted 381 days... over a year!

In the end, the Supreme Court of the United States declared that the segregation of the buses was against the law. Rosa was right. She inspired her people to protest in a non-violent way like Gandhi did, and they won!

Su valiente acción inspiró a su comunidad a alzar la voz y luchar por sus derechos. En diciembre de 1955, la comunidad afroamericana organizó el Boicot de Autobuses de Montgomery. Ningún negro tomaría el autobús para ir a la escuela o al trabajo. Irían andando o en taxi, los que pudieran permitírselo, y también organizaron un sistema de viajes compartidos para sustituir a los autobuses. Ese boicot duró 381 días... ¡más de un año!

Al final, el Tribunal Supremo de los Estados Unidos declaró que la segregación de los autobuses era contraria a la ley. Rosa tenía razón. Inspiró a su pueblo a protestar de forma no violenta, como lo hizo Gandhi, ¡y ganaron!

Neil Armstrong: The First Man on the Moon

Neil Armstrong: el primer hombre en la Luna

Who hasn't dreamed of being an astronaut and traveling to space? Surely, Neil Armstrong also had that dream when he was a little boy, and one day, it came true!

¿Quién no ha soñado alguna vez con ser astronauta y viajar al espacio? Seguro que Neil Armstrong también tuvo ese sueño cuando era pequeño, y un día, ¡se hizo realidad!

Neil was born in Wapakoneta, Ohio in 1930. Before being an astronaut, he was a naval aviator. He became a pilot at the early age of 16, and during his life, he flew in over 200 different aircraft!

Neil nació en Wapakoneta, Ohio, en 1930. Antes de ser astronauta, fue aviador naval. Se hizo piloto a la temprana edad de 16 años y, a lo largo de su vida, ¡voló en más de 200 aviones diferentes!

He entered NASA and made many space trips before his greatest adventure. His first activities in the space program started in 1962 and he soon became an astronaut, his greatest dream. He was assigned to command Gemini 8 with the mission to dock two vehicles in space. He accomplished it successfully, though the best was yet to come for Neil!

Entró en la NASA e hizo muchos viajes espaciales antes de su mayor aventura. Sus primeras actividades en el programa espacial comenzaron en 1962 y pronto se convirtió en astronauta, su mayor sueño. Fue asignado al mando del Gemini 8 con la misión de acoplar dos vehículos en el espacio. Lo logró con éxito, ¡aunque lo mejor aún estaba por llegar para Neil!

In 1968, he was assigned a new mission: He was going to be a member of the first manned lunar landing operation. Neil and two other astronauts, Edwin Eugene "Buzz" Aldrin and Michael Collins, were the crew of Apollo 11, the spacecraft that took them to the moon.

Apollo 11 lifted off on July 16th, left the Earth's atmosphere and reached outer space. Four days later, on July 20, Neil took the lunar landing module called *The Eagle*, left the spaceship, and headed toward the moon. At 4:17 p.m. in the United States, *The Eagle* landed in the Sea of Tranquility on the Moon's surface. A few hours later, Neil got off the module and walked onto the moon.

When he stepped foot on the Moon, Neil said, "That's one small step for [a] man, one giant leap for mankind." Then, Buzz joined him, and together, they spent over 21 hours on the moon before beginning their voyage back home to Earth.

En 1968, se le asignó una nueva misión: Iba a formar parte de la primera operación de alunizaje tripulado. Neil y otros dos astronautas, Edwin Eugene "Buzz" Aldrin y Michael Collins, formaban la tripulación del Apolo 11, la nave espacial que les llevó a la Luna.

El Apolo 11 despegó el 16 de julio, abandonó la atmósfera terrestre y llegó al espacio exterior. Cuatro días después, el 20 de julio, Neil tomó el módulo de aterrizaje lunar llamado *The Eagle* (El Aguila), abandonó la nave espacial y se dirigió hacia la Luna. A las 16:17 horas de Estados Unidos, *The Eagle* aterrizó en el Mar de la Tranquilidad, en la superficie de la Luna. Unas horas más tarde, Neil bajó del módulo y caminó hacia la Luna.

Cuando puso el pie en la Luna, Neil dijo: "Es un pequeño paso para [un] hombre, un gran salto para la humanidad". A continuación, Buzz se unió a él y, juntos, pasaron más de 21 horas en la Luna antes de iniciar el viaje de regreso a la Tierra.

Amelia Earhart: A Daring Aviator

Amelia Earhart: Una aviadora audaz

The story you're about to read proves that girls love adventures just as much as boys. Amelia, fondly known as "Lady Lindy," dreamed of being able to fly, and she became an aviation pioneer.

La historia que estás a punto de leer demuestra que a las chicas les gustan las aventuras tanto como a los chicos. Amelia, conocida cariñosamente como "Lady Lindy", soñaba con poder volar, y se convirtió en una pionera de la aviación.

She was still at school when World War I broke out, and she left school to serve as a nurse in a military hospital in Canada. There, she had the chance to meet many pilots, and her interest in planes and flying began to grow.

Todavía estaba en la escuela cuando estalló la Primera Guerra Mundial, y dejó los estudios para trabajar como enfermera en un hospital militar de Canadá. Allí tuvo la oportunidad de conocer a muchos pilotos, y su interés por los aviones y el vuelo empezó a crecer.

In 1921, she took her first flying lesson. Immediately, Amelia started saving money to buy her own plane. Soon, she purchased a biplane. She painted it yellow and called it *The Canary*. With her plane, she broke the first of many records in her life: She reached 14,000 feet high, the highest altitude for women until then.

En 1921 tomó su primera clase de vuelo. Inmediatamente, Amelia empezó a ahorrar dinero para comprar su propio avión. Pronto compró un biplano. Lo pintó de amarillo y lo llamó *El Canario*. Con su avión, batió el primero de los muchos récords de su vida: Alcanzó los 14.000 pies de altura, la mayor altitud alcanzada por una mujer hasta entonces.

Once, she was invited to travel across the Atlantic. Amelia accepted, but being a passenger wasn't enough for her. Later, she made her own solo flight 15 hours long over the Atlantic Ocean. Again, she was the first woman to do that!

En una ocasión, la invitaron a viajar a través del Atlántico. Amelia aceptó, pero no le bastaba con ser pasajera. Más tarde, realizó su propio vuelo en solitario de 15 horas de duración sobre el océano Atlántico. De nuevo, ¡fue la primera mujer en hacerlo!

Soon, she accomplished another great deed. She flew from Honolulu, Hawaii to California alone. She became the first person to fly over both the Atlantic and the Pacific Oceans. However, Amelia had a bigger dream yet: She prepared to complete a full trip around the world. Unfortunately, that adventure didn't end well.

Pronto, logró otra gran hazaña. Voló sola de Honolulú (Hawai) a California. Se convirtió en la primera persona en sobrevolar los océanos Atlántico y Pacífico. Sin embargo, Amelia aún tenía un sueño mayor: Se preparaba para completar un viaje completo alrededor del mundo. Por desgracia, esa aventura no acabó bien.

Amelia and her navigator were the crew of *The Electra*. They departed from Miami and flew east, towards New Guinea. She was 7,000 miles away from conquering the challenge. However, when the plane left the island, there was a misunderstanding about the routes. According to the last communication between Amelia and the control tower, *The Electra* was flying through heavy rain and stormy weather.

Amelia y su navegante formaban la tripulación de *El Electra*. Partieron de Miami y volaron hacia el este, hacia Nueva Guinea. Le faltaban 7.000 millas para conquistar el desafío. Sin embargo, cuando el avión salió de la isla, hubo un malentendido sobre las rutas. Según la última comunicación entre Amelia y la torre de control, el Electra volaba bajo una fuerte lluvia y un tiempo tormentoso.

That was the last thing ever heard from *The Electra* and Amelia. Nobody knows what happened to her, her plane, or its crew.

Eso fue lo último que se supo de El Electra y de Amelia. Nadie sabe lo que le ocurrió a ella, a su avión o a su tripulación.

Albert Einstein: A Genius of the Modern Age

Albert Einstein: Un genio de la Edad Moderna

Albert Einstein developed one of the most important theories that unraveled the mysteries of the universe.

He was born in Germany in 1879. Albert wasn't always considered a genius. When he was a child, he faced some troubles at school. He had what was then considered speech challenges, although he was a very talented musician. Young Albert showed a deep interest in science at a very early age.

After some stumbles at school, Albert wanted to enter a university in Zurich, Switzerland, and he was eventually accepted because he excelled in his math and physics exams. However, he didn't do very well in the other subjects, so he had to attend a pre-university education course. Yes, Albert Einstein had to take extra classes!

Albert Einstein desarrolló una de las teorías más importantes que desentrañaron los misterios del universo.

Nació en Alemania en 1879. Albert no siempre fue considerado un genio. De niño tuvo problemas en la escuela. Tenía lo que entonces se consideraba problemas de habla, aunque era un músico de gran talento. El joven Albert mostró un profundo interés por la ciencia a una edad muy temprana.

Tras algunos tropiezos en la escuela, Albert quiso ingresar en una universidad de Zúrich (Suiza), y finalmente fue aceptado porque destacó en sus exámenes de matemáticas y física. Sin embargo, no le fue muy bien en las demás asignaturas, por lo que tuvo que asistir a un curso de educación preuniversitaria. ¡Sí, Albert Einstein tuvo que tomar clases extra!

Finding a job wasn't that easy, either. Although he completed his education successfully, he couldn't get a professor's position. Finally, he got a job as a clerk at the patent office. In his spare time, he carried on his research in physics.

Encontrar trabajo no fue fácil para él, tampoco. Aunque terminó sus estudios con éxito, no pudo conseguir un puesto de profesor. Finalmente, consiguió un empleo como empleado en la oficina de patentes. En su tiempo libre, siguió investigando en física.

In 1905, Albert wrote a revolutionary scientific paper. There he explained his Theory of Relativity and how space and time are interconnected. It changed the course of science forever. He proposed that the universe is still expanding and that we're moving in space and time!

En 1905, Albert escribió un artículo científico revolucionario. En él explicaba su Teoría de la Relatividad y cómo el espacio y el tiempo están interconectados. Cambió para siempre el curso de la ciencia. Propuso que el universo sigue expandiéndose ¡y que nos movemos en el espacio y en el tiempo!

Later, Albert proposed his famous formula, E=MC², which means that matter, everything that surrounds us, has an inner energy. It was nuclear energy. He knew from the first moment that it could be used for good or for bad. Since his country had entered World War II, he emigrated to the United States to avoid his discoveries falling into the wrong hands. Later, his ideas were used to create the atomic bomb, but Albert wasn't involved in the project. He was a pacifist.

Más tarde, Albert propuso su famosa fórmula, E=MC², que significa que la materia, todo lo que nos rodea, tiene una energía interior. Era la energía nuclear. Desde el primer momento supo que podía utilizarse para el bien o para el mal. Como su país había entrado en la Segunda Guerra Mundial, emigró a Estados Unidos para evitar que sus descubrimientos cayeran en malas manos. Más tarde, sus ideas se utilizaron para crear la bomba atómica, pero Albert no participó en el proyecto. Él era pacifista.

Leonardo da Vinci: A Renaissance Genius

Leonardo da Vinci: un genio del Renacimiento

He had one of the greatest minds of all time. Leonardo is mostly known for his famous paintings, but he was also a scientist, an engineer, and an inventor. His designs turned into machines over 300 years later.

Tenía una de las mentes más brillantes de todos los tiempos. Leonardo es conocido sobre todo por sus famosos cuadros, pero también fue científico, ingeniero e inventor. Sus diseños se convirtieron en máquinas más de 300 años después.

Leonardo had an endless curiosity and a thirst for knowledge. He wanted to understand everything around him, and he thought that his eyes and his mind were enough to learn. He used the power of observation and then created graphic designs of all he saw.

Leonardo tenía una curiosidad infinita y sed de conocimiento. Quería entender todo lo que le rodeaba y pensaba que sus ojos y su mente eran suficientes para aprender. Utilizaba el poder de la observación y luego creaba diseños gráficos de todo lo que veía.

He lived in Florence, Italy in a moment of history when science and art were flourishing. That period is called the Renaissance. Princes and other members of the nobility offered economic support for artists to develop their talent.

Vivió en Florencia, Italia, en un momento de la historia en el que florecían la ciencia y el arte. Ese periodo se denomina Renacimiento. Los príncipes y otros miembros de la nobleza ofrecían apoyo económico a los artistas para que desarrollaran su talento.

For many years, Leonardo was commissioned to create different art pieces in palaces, chapels, and other public places in different cities in Italy. Some of his most popular works are the paintings called *Mary on the Rocks* and *The Last Supper*.

Durante muchos años, Leonardo recibió encargos para crear diferentes obras de arte en palacios, capillas y otros lugares públicos de distintas ciudades de Italia. Algunas de sus obras más populares son los cuadros titulados *La vírgen de las rocas* y *La última cena*.

However, most of us remember Leonardo's name for one of the most iconic paintings ever: *The Mona Lisa*, also called *La Gioconda*. This is the painting of a woman with a mysterious smile. The painting is so special that it seems that the woman is always looking into the eyes of the spectator.

Sin embargo, la mayoría de nosotros recordamos el nombre de Leonardo por uno de los cuadros más icónicos de la historia: *La Mona Lisa*, también llamada *La Gioconda*. Se trata del cuadro de una mujer con una sonrisa misteriosa. El cuadro es tan especial que parece que la mujer esté siempre mirando a los ojos del espectador.

Apart from his job as an artist, da Vinci designed dozens of forward-thinking inventions. For instance, he designed what can be considered the first helicopter. Da Vinci wanted to help people to fly! Therefore, Leonardo also invented the parachute and the "ornithopter," a flying machine with wings. Although Leonardo couldn't build any of those machines that we know of, he was a powerful inspiration for the next generations of inventors.

Aparte de su trabajo como artista, da Vinci diseñó docenas de inventos con visión de futuro. Por ejemplo, diseñó lo que puede considerarse el primer helicóptero. ¡Da Vinci quería ayudar a la gente a volar! Por eso, Leonardo inventó también el paracaídas y el "ornitóptero", una máquina voladora con alas. Aunque Leonardo no pudo construir ninguna de esas máquinas que conocemos, fue una poderosa inspiración para las siguientes generaciones de inventores.

Nikola Tesla: An Inventor Ahead of His Time

Nikola Tesla: Un inventor adelantado a su tiempo

Although Nikola Tesla lived many years after Leonardo da Vinci, he was probably inspired by da Vinci's legacy. For a long time, Tesla's name wasn't as popular as other inventors. Now, we know that many of the things we use in our daily life were invented by him.

Aunque Nikola Tesla vivió muchos años después que Leonardo da Vinci, probablemente se inspiró en su legado. Durante mucho tiempo, el nombre de Tesla no fue tan popular como el de otros inventores. Ahora, sabemos que muchas de las cosas que utilizamos en nuestra vida cotidiana fueron inventadas por él.

Tesla was born in a little city in Croatia in 1856. There was a huge electrical storm the night that he was born. His mother predicted that he would be a person of light, and she was right! His mom was also an inventor. She created all types of household supplies to help her with housekeeping. For instance, she created a mechanical egg beater. She must have passed her gift to her son!

Tesla nació en una pequeña ciudad de Croacia en 1856. La noche de su nacimiento hubo una gran tormenta eléctrica. Su madre predijo que sería una persona de luz, ¡y tenía razón! Su madre también era inventora. Creó todo tipo de utensilios domésticos para ayudarse en las tareas del hogar. Por ejemplo, creó una batidora de huevos mecánica. ¡Debió de transmitirle su don a su hijo!

He lived and worked in different European countries, until, in 1884, he moved to the United States to work with another genius: Thomas Edison. However, they didn't get along, and each of them continued to work on their own. They raced to see who would be able to use electricity and make it available to people. Tesla opened his own company, Tesla Electric Light & Manufacturing. There is still a controversy about who invented the lightbulb first.

Él vivió y trabajó en distintos países europeos, hasta que, en 1884, se trasladó a los Estados Unidos para trabajar con otro genio: Thomas Edison. Sin embargo, no se llevaban bien, y cada uno siguió trabajando por su cuenta. Compitieron por ver quién era capaz de utilizar la electricidad y ponerla a disposición de la gente. Tesla abrió su propia empresa, Tesla Electric Light & Manufacturing. Aún existe controversia sobre quién inventó primero la bombilla de luz.

Since he was a child, Tesla had a sort of superpower. He would have visions and flashes of light that helped him imagine things that didn't exist and that he would later create. Unlike other inventors, he didn't draw or write down his ideas. Instead, he kept them in his mind. After his death, many unclear notes and designs were found in his office. We shall never know what other things he had invented!

Desde niño, Tesla tenía una especie de superpoder. Tenía visiones y destellos de luz que le ayudaban a imaginar cosas que no existían y que más tarde crearía. A diferencia de otros inventores, no dibujaba ni escribía sus ideas. En lugar de eso, las guardaba en su mente. Tras su muerte, se encontraron en su despacho muchas notas y diseños poco claros. ¡Nunca sabremos qué otras cosas inventó!

Even so, we are surrounded by Tesla's inventions: the plug to recharge your cell phone, the light switch, the radio, the refrigerator, and the remote control are the result of the evolution of Tesla's ideas.

Aun así, estamos rodeados de inventos de Tesla: el enchufe para recargar el móvil, el interruptor de la luz, la radio, el frigorífico y el control remoto son el resultado de la evolución de las ideas de Tesla.

Martin Luther King Jr.: A Dream of Equality

Martin Luther King Jr: Un sueño de igualdad

Martin Luther King Jr. once said, “Injustice anywhere is a threat to justice everywhere.” He left a message of hope and faith in humankind. Like Rosa Parks and Mahatma Gandhi, he fought to make this world a better place for every person regardless of the color of their skin.

Martin Luther King Jr. dijo una vez: "La injusticia en cualquier lugar es una amenaza para la justicia en todas partes". Dejó un mensaje de esperanza y fe en la humanidad. Al igual que Rosa Parks y Mahatma Gandhi, luchó por hacer de este mundo un lugar mejor para todas las personas, independientemente del color de su piel.

In fact, Rosa and Martin’s lives crossed in their fight to achieve equal rights for Black people. Dr. King was the leader of the Montgomery Bus Boycott after Rosa was arrested for refusing to move her seat on the bus. During the 381 days of the non-violent protest, Martin’s home was attacked with a bomb, and he was also arrested, but none of that stopped him.

De hecho, las vidas de Rosa y Martin se cruzaron en su lucha por conseguir la igualdad de derechos para los afroamericanos. El Dr. King fue el líder del Boicot de Autobuses de Montgomery después de que Rosa fuera detenida por negarse a cambiar de asiento en el autobús. Durante los 381 días que duró la protesta no violenta, la casa de Martin fue atacada con una bomba y él también fue detenido, pero nada de eso lo detuvo.

Martin was a Baptist pastor and soon became a leader of the Civil Rights Movement. He organized Black community demonstrations against inequality but always by non-violent means.

He had to face more arrests in his life. Once, there was a public demonstration of Black people in the streets of Birmingham. Although people were protesting peacefully, the police came and brutally repressed the crowd. Dr. King was arrested then, and the court said that people couldn't protest in the city.

Martin era pastor bautista y pronto se convirtió en líder del Movimiento por los Derechos Civiles. Organizó manifestaciones de la comunidad negra contra la desigualdad, pero siempre por medios no violentos.

Tuvo que enfrentarse a más detenciones en su vida. En una ocasión, hubo una manifestación pública de la comunidad negra en las calles de Birmingham. Aunque la gente protestaba pacíficamente, la policía acudió y reprimió brutalmente a la multitud. El Dr. King fue arrestado entonces, y el tribunal dijo que la gente no podía protestar en la ciudad.

In his many public speeches, Martin shared his ideas about peace and equality. We began with one of his most memorable ones. He didn't only care for his people's rights. He also stood up to protest against the Vietnam War and for all the poor and mistreated American citizens.

En sus numerosos discursos públicos, Martin compartió sus ideas sobre la paz y la igualdad. Hemos comenzado con uno de los más memorables. No sólo se preocupaba por los derechos de su pueblo. También se levantó para protestar contra la guerra de Vietnam y por todos los ciudadanos estadounidenses pobres y maltratados.

Nevertheless, his message wasn't understood by everybody. Many people wanted to focus on their own struggles instead of cooperating. Some others didn't really believe that pacifist tactics would work. Despite his peaceful message, Martin Luther King was attacked and lost his life. However, his legacy will live on forever.

Sin embargo, su mensaje no fue entendido por todos. Muchos querían centrarse en sus propias luchas en lugar de cooperar. Otros no creían realmente que las tácticas pacifistas funcionaran. A pesar de su mensaje pacífico, Martin Luther King fue atacado y perdió la vida. Sin embargo, su legado perdurará para siempre.

Helen Keller: Overcoming Barriers

Helen Keller: Superando barreras

Sometimes, people think life isn't easy and that there are too many obstacles. We find it difficult to feel happy. Helen Keller's story teaches us about how life is always a miracle and that we have plenty of ways to find happiness!

A veces, la gente piensa que la vida no es fácil y que hay demasiados obstáculos. Nos cuesta sentirnos felices. La historia de Helen Keller nos enseña que la vida es siempre un milagro ¡y que tenemos muchas maneras de encontrar la felicidad!

Helen was born in Tuscumbia, Alabama in 1880. When she was 19 months old, Helen got very ill and doctors couldn't tell her parents what was wrong with her. She survived, but due to the illness, she became deaf and blind. She grew up as a rebellious child. Everything changed when a new teacher entered her life.

Helen nació en Tuscumbia, Alabama, en 1880. Cuando tenía 19 meses, Helen se puso muy enferma y los médicos no pudieron decir a sus padres qué le pasaba. Sobrevivió, pero debido a la enfermedad quedó sorda y ciega. Creció como una niña rebelde. Todo cambió cuando una nueva profesora entró en su vida.

Her name was Anne Sullivan, and she also had poor vision. She was supposed to teach Helen, but it was almost impossible: She was too unruly! Instead of giving up, Anne was determined to gain Helen's respect with patience and love.

Se llamaba Anne Sullivan y también tenía problemas de visión. Debía enseñar a Helen, pero era casi imposible: ¡Era demasiado rebelde! En lugar de rendirse, Anne estaba decidida a ganarse el respeto de Helen con paciencia y cariño.

Anne used a doll she had brought with her, took Helen's hand, and drew the letters in the palm of her hand: D-O-L-L. Little by little, Helen learned more and more words to name the world around her. Soon, she was able to read and write!

Ana utilizó una muñeca que había traído consigo, tomó la mano de Helen y dibujó las letras en la palma de su mano: M-U-Ñ-E-C-A. Poco a poco, Helen fue aprendiendo más y más palabras para nombrar el mundo que la rodeaba. ¡Pronto fue capaz de leer y escribir!

Now, Helen was ready to learn more. She was only 10 years old when she asked to learn to speak. It wasn't an easy task, but Helen proved that she could do anything she proposed.

Ahora, Helen estaba preparada para aprender más. Sólo tenía 10 años cuando pidió aprender a hablar. No fue una tarea fácil, pero Helen demostró que podía hacer todo lo que se propusiera.

Later, Helen decided that she wanted to talk to the world. She became a writer and then a political and social activist. She joined the workers' fight to improve their living conditions. However, she was especially dedicated to helping deaf and blind people. She went to over 35 countries and spoke to the most important leaders.

Más tarde, Helen decidió que quería hablarle al mundo. Se convirtió en escritora y luego en activista política y social. Se unió a la lucha de los trabajadores por mejorar sus condiciones de vida. Sin embargo, se dedicó especialmente a ayudar a las personas sordas y ciegas. Recorrió más de 35 países y se reunió con los líderes más importantes.

3

WONDERS OF NATURE
MARAVILLAS DE LA NATURALEZA

So far, you have learned the incredible history behind human inventions and the story of people that changed the world.

Now, we are going to start an imaginary trip to visit the most amazing places on Earth. We can pick a magic carpet or a hot-air balloon to fly and meet these gifts of Mother Nature. But we shall also need a submarine or a diving suit to discover the amazing world in the depths of the oceans.

Hasta ahora, has aprendido la increíble historia que hay detrás de los inventos humanos y la historia de personas que cambiaron el mundo.

Ahora vamos a emprender un viaje imaginario para visitar los lugares más asombrosos de la Tierra. Podríamos elegir una alfombra mágica o un globo aerostático para volar y conocer estos regalos de la Madre Naturaleza. Pero también necesitaremos un submarino o una escafandra para descubrir el asombroso mundo de las profundidades de los océanos.

The Amazon Rainforest: A World of Wonder

La selva amazónica: Un mundo de maravillas

The Equator is the imaginary line that divides the Earth in the middle. There are no seasons in the Equator region; the weather is hot and humid in July but also in January. There, the sun's rays reach directly throughout the year, creating special conditions for life to develop.

El Ecuador es la línea imaginaria que divide la Tierra por la mitad. En la región del Ecuador no hay estaciones; el clima es caluroso y húmedo en julio, pero también en enero. Allí, los rayos del sol llegan de forma directa durante todo el año, creando unas condiciones especiales para el desarrollo de la vida.

The Amazon Rainforest is located in the Equator region in South America. It is the largest and most diverse rainforest in the world, and it is shared by nine countries: Bolivia, Peru, Ecuador, Colombia, Venezuela, French Guiana, Suriname, Guyana, and Brazil, which has the greatest part of the forest's surface. The Amazon Rainforest covers 2.58 million square miles and hosts thousands of living species.

La selva amazónica se encuentra en la región ecuatorial de Sudamérica. Es la selva tropical más grande y diversa del mundo, y la comparten nueve países: Bolivia, Perú, Ecuador, Colombia, Venezuela, Guayana Francesa, Surinam, Guyana y Brasil, que posee la mayor parte de la superficie de la selva. La selva amazónica tiene una extensión de 2,58 millones de kilómetros cuadrados y alberga miles de especies vivas.

The forest also comprises the entire watershed of the greatest flowing river in the world: the Amazon River. The river has over 1,000 minor rivers that feed its flow. It is born in the Peruvian Andes and runs east through 4,000 miles to discharge in the Atlantic Ocean. The length of the Amazon River is equivalent to a straight road between New York and Rome!

The Amazon Rainforest is usually called the "lungs of the planet." As you may know, trees produce the oxygen we breathe and work to purify the air for us. The Amazon Rainforest is home to 390 billion trees of about 16,000 different species!

La selva también comprende toda la cuenca del río más caudaloso del mundo: el río Amazonas. Este río tiene más de 1.000 ríos menores que alimentan su caudal. Nace en los Andes peruanos y corre hacia el este a lo largo de 6.000 kilómetros hasta desembocar en el océano Atlántico. ¡La longitud del río Amazonas sería equivalente a una carretera recta entre Nueva York y Roma!

La selva amazónica suele llamarse el "pulmón del planeta". Como sabrás, los árboles producen el oxígeno que respiramos y trabajan para purificar el aire para nosotros. ¡La selva amazónica alberga 390.000 millones de árboles de unas 16.000 especies diferentes!

These trees are the natural habitat for varied wildlife. There are about 3 million species of insects, mammals, birds, and fish in the Amazon Rainforest. The jaguar, the Amazon dolphins, and the blue and the scarlet macaws are some of the most renowned.

Estos árboles son el hábitat natural de una fauna variada. Hay cerca de 3 millones de especies de insectos, mamíferos, aves y peces en la selva amazónica. El jaguar, los delfines del Amazonas y los guacamayos azul y rojo son algunos de los más famosos.

Besides its natural biodiversity, the Amazon Rainforest is also home to over 350 indigenous communities. Most of them remain isolated, far from modern civilization but in perfect harmony with their natural environment.

Además de su biodiversidad natural, la selva amazónica alberga más de 350 comunidades indígenas. La mayoría de ellas permanecen aisladas, lejos de la civilización moderna pero en perfecta armonía con su entorno natural.

The Northern Lights: Nature's Light Show

Auroras Boreales: El espectáculo de luces de la naturaleza

Next, we are moving from the Equator to the North Pole, where our planet ends or begins. Many extraordinary phenomena take place there and nowhere else. The seasons there aren't like the rest of the planet. There are only winters and summers, and they last six months each because the light of the sun reaches the ground very weakly.

Nights and days are also quite different. While in the summer months, days last almost 24 hours, and in the winter, there is no daylight at all. However, the night skies are lightened by other types of lights at these latitudes: the so-called northern lights. The Italian astronomer Galileo Galilei called them the *aurora borealis*.

A continuación, nos desplazamos del Ecuador al Polo Norte, donde acaba o empieza nuestro planeta. Muchos fenómenos extraordinarios tienen lugar allí y en ningún otro lugar. Allí las estaciones no son como en el resto del planeta. Sólo hay inviernos y veranos, y duran seis meses cada uno porque la luz del sol llega muy débilmente al suelo.

Las noches y los días también son muy diferentes. Mientras que en los meses de verano los días duran casi 24 horas, en invierno no hay luz diurna. Sin embargo, los cielos nocturnos están iluminados por otro tipo de luces en estas latitudes: las llamadas luces del norte. El astrónomo italiano Galileo Galilei las llamó *auroras boreales*.

This natural phenomenon consists of a dance of brilliant lights in the sky. These lights take several colors. Pink and green are the most common, but it is also possible to see red, yellow, blue, and violet sparks. But what are those lights? Do storms cause them?

Este fenómeno natural consiste en una danza de luces brillantes en el cielo. Estas luces adoptan varios colores. El rosa y el verde son los más comunes, pero también es posible ver destellos rojos, amarillos, azules y violetas. Pero, ¿qué son esas luces? ¿Las provocan las tormentas?

The northern lights result from the collision of certain particles coming from gasses that reach the Earth's atmosphere. Some of these particles are part of our atmosphere, and others are emitted from the sun. Different gasses produce different colors. The most common is yellowish-green produced by oxygen particles.

Las auroras boreales son el resultado de la colisión de ciertas partículas procedentes de gases que llegan a la atmósfera terrestre. Algunas de estas partículas forman parte de nuestra atmósfera y otras son emitidas por el Sol. Los distintos gases producen colores diferentes. El más común es el verde amarillento producido por las partículas de oxígeno.

There is also a good reason why these lights can only be seen on the pole. The Earth has a magnetic field, and the pole also works as a magnet. This magnet attracts the particles and directs them to the poles. Then, these particles crashing among each other paint the dark northern skies.

También hay una buena razón por la que estas luces sólo pueden verse en el polo. La Tierra tiene un campo magnético, y el polo también funciona como un imán. Este imán atrae las partículas y las dirige hacia los polos. Entonces, estas partículas que chocan entre sí pintan los cielos oscuros del norte.

These lights can also be seen in the South Pole. There, they are called the southern lights, or *aurora australis*.

Estas luces también pueden verse en el Polo Sur. Allí se denominan *auroras australes*.

The Grand Canyon: A Natural Wonder

El Gran Cañón: Una maravilla natural

Did you know that the mountains and the rocks change over time? They seem to be always towering and unchangeable, but nature is so powerful that can make them look different. How?

The rain, the rivers, the wind, and the shift between heat and cold have the strength to modify mountains and rocks. The Grand Canyon is an impressive landscape created by nature over millions of years.

¿Sabías que las montañas y las rocas cambian con el tiempo? Parecen ser siempre imponentes e inmutables, pero la naturaleza es tan poderosa que puede hacer que tengan un aspecto diferente. ¿Cómo?

La lluvia, los ríos, el viento y el cambio entre calor y frío tienen la fuerza de modificar montañas y rocas. El Gran Cañón es un impresionante paisaje creado por la naturaleza a lo largo de millones de años.

The Grand Canyon is located in Arizona, in the United States. Its geological history began over two billion years ago. A plateau was lifted up during the formation of the continents, and then the Colorado River did the rest of the work. The river and all the other rivers that feed its flow established the course throughout the plateau. The constant water flow deepened and widened the canyon, decorating the walls of the cliffs. The Colorado River is the artist that has given the rocks their singularly beautiful shapes and created a varied color palette.

El Gran Cañón está situado en Arizona, en los Estados Unidos. Su historia geológica comenzó hace más de dos mil millones de años. Durante la formación de los continentes se levantó una meseta y luego el río Colorado hizo el resto del trabajo. El río y todos los demás ríos que alimentan su caudal establecieron el curso a lo largo de la meseta. El flujo constante de agua profundizó y ensanchó el cañón, decorando las paredes de los acantilados. El río Colorado es el artista que ha dado a las rocas sus formas de singular belleza y ha creado una variada paleta de colores.

The cliffs that form the walls of the canyon tell the geological history of Earth. There are layers of different colors. Each of them represents a stage in the evolution of the planet from the moment it began to cool until the continents adopted more or less the shape they have now.

Los acantilados que forman las paredes del cañón cuentan la historia geológica de la Tierra. Hay capas de distintos colores. Cada una de ellas representa una etapa de la evolución del planeta desde que empezó a enfriarse hasta que los continentes adoptaron más o menos la forma que tienen ahora.

This natural beauty is managed by the Grand Canyon National Park. The canyon covers a surface of 277 miles, is 18 miles wide, and reaches 6,093 feet deep. It is the biggest canyon in the world.

Esta belleza natural está custodiada por el Parque Nacional del Gran Cañón. El cañón cubre una superficie de 277 millas, tiene 18 millas de ancho y alcanza los 6.093 pies de profundidad. Es el cañón más grande del mundo.

Originally, the Great Canyon was home to Native American people. The Hualapai Tribal Nation, the Havasupai, and the Navajo people have lived there for thousands of years. They used the natural caves and built settlements within the canyon. Another nation, the Pueblo people, considered it a sacred place, and although they didn't live in it, they often visited it as part of their religious practice.

Originalmente, el Gran Cañón era el hogar de los nativos americanos. La tribu Hualapai, los Havasupai y los Navajo han vivido allí durante miles de años. Utilizaron las cuevas naturales y construyeron asentamientos dentro del cañón. Otra tribu, los Pueblo, lo consideraban un lugar sagrado y, aunque no vivían en él, lo visitaban a menudo como parte de sus prácticas religiosas.

The Coral Reefs: An Underwater Paradise

Los arrecifes de coral: Un paraíso submarino

The coral reefs are submarine paradises that host thousands of incredible and rare species. Underwater life and many surface ecosystems depend on coral reefs in many ways. Learning about them is important to appreciate and protect them.

Coral reefs are usually associated with warm waters. Indeed, in warmer conditions, coral reefs are bigger, more colorful, and are inhabited by more diverse living organisms. Strange shapes and colorful coverings characterize the many living creatures that live in the coral reefs. They show how evolution continues, and new species are constantly appearing. These species have developed special adaptations to live on the ocean floor. Therefore, they can't be found anywhere else on Earth. Unless we learn to dive, it is unlikely that we can see them alive.

Los arrecifes de coral son paraísos submarinos que albergan miles de especies increíbles y raras. La vida submarina y muchos ecosistemas terrestres dependen de los arrecifes de coral de muchas maneras. Aprender sobre ellos es importante para apreciarlos y protegerlos.

Los arrecifes de coral suelen estar asociados a aguas cálidas. De hecho, en condiciones más cálidas, los arrecifes de coral son más grandes, más coloridos y están habitados por organismos vivos más diversos. Formas extrañas y cubiertas de colores caracterizan a los numerosos seres vivos que viven en los arrecifes de coral. Muestran cómo la evolución continúa y aparecen constantemente nuevas especies. Estas especies han desarrollado adaptaciones especiales para vivir en el fondo del océano. Por eso, no pueden encontrarse en ningún otro lugar de la Tierra. A menos que aprendamos a bucear, es poco probable que podamos verlos vivos.

These ecosystems are originally formed by organisms with limestone skeletons. However, some corals are soft and don't have a skeleton at all. Some coral reefs are located at great depths below the sea's surface. Others, instead, grow in superficial waters. In the latter, corals establish a very close relationship with seaweed (algae). The seaweed takes the light coming from the sun, carries out photosynthesis, and produces oxygen for the sea-living organisms. That's why coral reefs are so important to preserve marine biodiversity.

Coral reefs are home to thousands of sea species, such as fish, lobsters, clams, seahorses, sponges, and sea turtles. There, they find shelter and food. The clown fish (like Nemo) is one of the typical species that need a coral reef to survive and to raise their babies.

Estos ecosistemas están formados originalmente por organismos con esqueletos calcáreos. Sin embargo, algunos corales son blandos y no tienen esqueleto. Algunos arrecifes de coral se encuentran a grandes profundidades bajo la superficie del mar. Otros, en cambio, crecen en aguas superficiales. En estos últimos, los corales establecen una relación muy estrecha con las algas. Las algas toman la luz del sol, hacen la fotosíntesis y producen oxígeno para los organismos marinos. Por eso los arrecifes de coral son tan importantes para preservar la biodiversidad marina.

Los arrecifes de coral albergan miles de especies marinas, como peces, langostas, almejas, caballitos de mar, esponjas y tortugas marinas. Allí encuentran refugio y alimento. El pez payaso (como Nemo) es una de las especies típicas que necesitan un arrecife de coral para sobrevivir y criar a sus bebés.

Since light travels slower in the water, the colors of corals and the rest of the organisms that live in them can't be seen as they are. If we could dive into a coral reef, we would see everything in a greenish-blue, but those aren't the real colors.

Como la luz viaja más despacio en el agua, los colores de los corales y del resto de organismos que viven en ellos no pueden verse tal cual son. Si pudiéramos sumergirnos en un arrecife de coral, lo veríamos todo de un azul verdoso, pero esos no son los colores reales.

Mount Everest: The Roof of the World

Monte Everest: El techo del mundo

From the depths of the oceans, we go back to the surface to reach the highest place on our planet: Mount Everest, the roof of the world.

Desde las profundidades de los océanos, volvemos a la superficie para alcanzar el lugar más alto de nuestro planeta: El Monte Everest, el techo del mundo.

Mount Everest is the highest peak in the highest and longest mountain range in the world, the Himalayas. Everest is 29,032 feet above sea level. It is located between Tibet and Nepal, a free region of China.

El Everest es el pico más alto de la cordillera más alta y larga del mundo, el Himalaya. El Everest se encuentra a 29.032 pies sobre el nivel del mar. Está situado entre el Tíbet y Nepal, una región libre de China.

Did you know that Everest isn't its real name? It was called so by an English general. However, the local native people gave it another name. The Nepali people named it *Sagarmatha*, which has several meanings like "Goddess of the Valley." The Tibetans call the mountain *Chomolungma,* which means "Mother Goddess of the World."

¿Sabías que Everest no es su verdadero nombre? Lo llamó así un general inglés. Sin embargo, los nativos locales le dieron otro nombre. Los nepalíes lo llamaron *Sagarmatha*, que tiene varios significados como "Diosa del Valle". Los tibetanos llaman a la montaña *Chomolungma*, que significa "Diosa Madre del Mundo".

Mount Everest isn't a friendly home to living organisms. It is difficult to breathe and obtain enough oxygen at such heights. Therefore, no vascular plants can survive there. Besides, the rocky surface wouldn't allow plants to grow roots. The only vegetation that can be found at the peak is some mosses and lichens. In the lower slopes, firs, blue pines, and bamboo, among other species, can survive.

El Everest no es un hogar amigable para los organismos vivos. Es difícil respirar y obtener suficiente oxígeno a esas alturas. Por lo tanto, ninguna planta vascular puede sobrevivir allí. Además, la superficie rocosa no permitiría a las plantas echar raíces. La única vegetación que puede encontrarse en la cima son algunos musgos y líquenes. En las laderas más bajas, los abetos, los pinos azules y el bambú, entre otras especies, pueden sobrevivir.

Some animal species have developed adaptations to the local vegetation. They are equipped with thick coats and fat layers to withstand extremely low temperatures. Musk deer, yaks, red pandas, snow leopards, and Himalayan black bears are the most typical animals in the region, but there are many others. However, they live below 16,400 feet above sea level. Only some birds can approach the summit.

Algunas especies animales han desarrollado adaptaciones a la vegetación local. Están dotados de gruesos pelajes y capas de grasa para soportar temperaturas extremadamente bajas. Ciervos almizcleros, yaks, pandas rojos, leopardos de las nieves y osos negros del Himalaya son los animales más típicos de la región, pero hay muchos otros. Sin embargo, viven por debajo de los 16.400 pies sobre el nivel del mar. Sólo algunas aves pueden acercarse a la cumbre.

Climbers from all parts of the world attempt to summit the highest peak. According to records, over 6,000 people have accomplished that amazing challenge. Edmund Hilary and Tenzing Norgay were the first men to reach the top. That wouldn't be possible without the help and guidance from the local people. The Sherpas live in the surrounding valleys. They are the main guides to climb up Mount Everest!

Escaladores de todas partes del mundo intentan hacer cumbre en el pico más alto. Según los registros, más de 6.000 personas han logrado ese asombroso reto. Edmund Hilary y Tenzing Norgay fueron los primeros hombres en alcanzar la cima. Eso no sería posible sin la ayuda y orientación de la población local. Los sherpas viven en los valles circundantes. ¡Son los principales guías para subir al Everest!

The Great Barrier Reef: A Colorful World Underwater La Gran Barrera de Coral: Un colorido mundo submarino

You have learned about the coral reefs that can be found on the ocean floor all over the world. There is one of them that is particularly famous for the uncountable bright colors of its corals and other living creatures. It is called the Great Barrier Reef.

Ya has aprendido acerca de los arrecifes de coral que se encuentran en los fondos marinos de todo el mundo. Hay uno de ellos que es especialmente famoso por los incontables colores brillantes de sus corales y otros seres vivos. Se llama la Gran Barrera de Coral.

It's the greatest coral reef in the world, and it's located in the Coral Sea in the Pacific Ocean, near the northwest coast of Australia. It spreads out 1,429 miles long and covers a surface of 135,000 square miles.

Es el mayor arrecife de coral del mundo y está situado en el Mar del Coral, en el Océano Pacífico, cerca de la costa noroeste de Australia. Se extiende a lo largo de 1.429 millas y cubre una superficie de 135.000 millas cuadradas.

It is comprised of 3,000 individual corals. All of them were created over millions of years by the skeletons of living marine organisms. The corals are made of tiny animals called polyps, and they are stuck together by seaweed (algae). The Great Barrier Reef is considered the largest structure built by living creatures.

Está formado por 3.000 corales individuales. Todos ellos fueron creados a lo largo de millones de años por los esqueletos de organismos marinos vivos. Los corales están formados por diminutos animales llamados pólipos, y están pegados entre sí por un conjunto de algas (algae). La Gran Barrera de Coral está considerada la mayor estructura construida por seres vivos.

The variety of species living there is astounding. It is home to 400 species of coral, 1,500 species of fish, and 4,000 species of mollusks. You can find anemones, sponges, lobsters, crabs, and many other sea creatures. Big sea animals also visit or live in the coral reef: rays, sea turtles, snakes, tiger sharks, and tiger whales.

La variedad de especies que viven en ella es asombrosa. Alberga 400 especies de coral, 1.500 de peces y 4.000 de moluscos. Puede encontrar anémonas, esponjas, langostas, cangrejos y muchas otras criaturas marinas. Grandes animales marinos también visitan o viven en el arrecife de coral: rayas, tortugas marinas, serpientes, tiburones tigre y ballenas tigre.

Biodiversity is of utmost importance for all sea ecosystems but also for life on the surface. The Great Barrier Reef is in particular danger at present. This coral reef develops and lives in warm superficial waters. Species there can't survive when temperatures fall below 70°F. However, corals survive in a delicate equilibrium. This equilibrium is hampered by climate change.

La biodiversidad es de suma importancia para todos los ecosistemas marinos, pero también para la vida en la superficie. En la actualidad, la Gran Barrera de Coral está especialmente amenazada. Este arrecife de coral se desarrolla y vive en aguas superficiales cálidas. Las especies que allí habitan no pueden sobrevivir cuando las temperaturas descienden por debajo de los 70°F. Sin embargo, los corales sobreviven en un delicado equilibrio. Este equilibrio se ve amenazado por el cambio climático.

When the surface of the ocean's temperatures rises over 100°F, seaweed stops producing oxygen. Instead, it produces toxic substances that repel the algae. This results in the loss of living organisms.

Cuando la temperatura de la superficie del océano supera los 100°F, las algas dejan de producir oxígeno. En su lugar, produce sustancias tóxicas que repelen a las algas. El resultado es la pérdida de organismos vivos.

Victoria Falls: The Smoke That Thunders

Cataratas Victoria: El humo que truena

This natural landscape is full of myths and magic. Local people called these falls *Mosi-oa-Tunya* in the Lozi language. It means “the smoke that thunders.” When you see the falls, you’ll understand why: Water tumbles persistently, making the sounds of a storm and forming plumes of mist that look like smoke.

Este paisaje natural está lleno de mitos y magia. Los lugareños llamaban a estas cataratas *Mosi-oa-Tunya* en lengua lozi. Significa "el humo que truena". Cuando veas las cataratas, entenderás por qué: El agua cae sin cesar, haciendo el ruido de una tormenta y formando penachos de niebla que parecen humo.

The name was first heard by a British explorer that was taken to the falls in a canoe. However, he gave them a different name: Victoria Falls, after the Queen of England.

El nombre se lo puso por primera vez un explorador británico que fue llevado a las cataratas en canoa. Sin embargo, les dio un nombre diferente: Cataratas Victoria, en honor a la Reina de Inglaterra.

Victoria Falls is the natural border between Zambia and Zimbabwe. Zambia is located on the north side of the falls, and the ground stands slightly higher than Zimbabwe's territory.

There, the Zambezi River runs through an extensive plateau until it reaches the edge. The entire width of the river falls 350 feet into Victoria Falls. They are not the highest in the world (the Angel Falls in Venezuela, South America are higher) but they have the widest single curtain of water. It falls into a canyon of about 80 feet wide in the narrowest part to 240 feet in the widest.

Las cataratas Victoria son la frontera natural entre Zambia y Zimbabue. Zambia se encuentra en el lado norte de las cataratas, y el terreno es ligeramente más alto que el territorio de Zimbabue.

Allí, el río Zambeze recorre una extensa meseta hasta llegar al borde. Toda la anchura del río cae 350 pies de altura en las cataratas Victoria. No son las más altas del mundo (las cataratas del Ángel, en Venezuela, Sudamérica, son más altas), pero tienen la cortina de agua más ancha. Cae en un cañón de unos 80 pies de ancho en la parte más estrecha a 240 pies en la más ancha.

While thousands and thousands of cubic meters of water falling, bright rainbows here and there add to the breathtaking scenery. Summer, between November and April, is the rainy season in the area. Within that period, the water flow of the Zambezi rises, and the waterfalls are still more spectacular. However, it is safer for tourists to visit after the end of this season!

The surrounding area of the falls is managed by two national parks. They try to protect the varied and exotic local wildlife. Colorful butterflies fly in the mist and share the savanna with elephants, crocodiles, hippos, and large predators. Almost 500 different bird species live in the Victoria Falls region.

Mientras caen miles y miles de metros cúbicos de agua, los brillantes arco iris se suman aquí y allá al impresionante paisaje. El verano, entre noviembre y abril, es la época de lluvias en la zona. En ese periodo, el caudal del Zambeze aumenta, y las cataratas son aún más espectaculares. ¡Sin embargo, es más seguro para los turistas visitarlas una vez finalizada esta estación!

Los alrededores de las cataratas están gestionados por dos parques nacionales. Éstos intentan proteger la variada y exótica fauna local. Coloridas mariposas vuelan entre la niebla y comparten la sabana con elefantes, cocodrilos, hipopótamos y grandes depredadores. Casi 500 especies distintas de aves viven en la región de las cataratas Victoria.

The Sahara Desert: The World's Largest Hot Desert

El desierto del Sahara: El mayor desierto cálido del mundo

It might be called a desert, but it is full of life. It is one of the harshest environments for living beings, but many species live there, and it is also home to nomadic tribes. Endless dunes of sand hide secrets that will be now revealed.

Puede llamarse desierto, pero está lleno de vida. Es uno de los entornos más duros para los seres vivos, pero en él viven muchas especies y también es el hogar de tribus nómadas. Interminables dunas de arena esconden secretos que ahora serán desvelados.

Although we all know it as the Sahara Desert, that isn't actually its name. The word *sahara* means "desert" in the Arabic language. It covers 3.6 million square miles, but it isn't the largest desert. Antarctica and the Arctic, in that order, are the two largest cold deserts. However, the Sahara is the first among the hot deserts.

Aunque todos lo conocemos como el desierto del Sáhara, en realidad ése no es su nombre. La palabra sahara significa "desierto" en árabe. Abarca 3,6 millones de kilómetros cuadrados, pero no es el desierto más grande. La Antártida y el Ártico, por este orden, son los dos mayores desiertos fríos. Sin embargo, el Sáhara es el primero entre los desiertos cálidos.

It is located in the north of Africa. It is almost as big as the United States, and it covers nearly a third of the continent. The Sahara extends across ten countries.

Plateaus and mountains are surrounded by its typical feature: the sand dunes. They can reach 600 feet high. However, not everything is sand in the desert! There are salt flats and basins that create an oasis with water bodies and palm trees. There, animals and people search for shade to rest from the intense heat.

In the desert, the days are extremely hot, and at night, the temperature falls drastically. In the summer, temperatures can reach 120°F during the daytime, and on winter nights, they fall to 0°F. The climate hasn't changed for the last 2,000 years in the Sahara Desert.

Está situado al norte de África. Es casi tan grande como Estados Unidos y ocupa casi un tercio del continente. El Sáhara se extiende a lo largo de diez países.

Las mesetas y montañas están rodeadas por su característica típica: las dunas de arena. Pueden alcanzar los 600 pies de altura. Sin embargo, ¡no todo es arena en el desierto! Hay salinas y cuencas que crean un oasis con masas de agua y palmeras. Allí, animales y personas buscan sombra para descansar del intenso calor.

En el desierto, los días son extremadamente calurosos y, por la noche, la temperatura desciende drásticamente. En verano, las temperaturas pueden alcanzar los 120°F durante el día, y en las noches de invierno, descienden hasta los 0°F. El clima no ha cambiado en los últimos 2.000 años en el desierto del Sahara.

The worst of all is the wind that blows toward the Equator. It reaches extreme speeds and causes dust storms. The dust blown by those winds travels around the globe. They cross the Atlantic Ocean and reach Venezuela in South America!

Lo peor de todo es el viento que sopla hacia el Ecuador. Alcanza velocidades extremas y provoca tormentas de polvo. El polvo arrastrado por esos vientos viaja por todo el planeta. ¡Atraviesan el océano Atlántico y llegan hasta Venezuela, en Sudamérica!

Although it hardly ever rains in the desert, sometimes it snows at the highest points. Can you imagine how impressive it must be to see the snowfall on the sand?

Aunque casi nunca llueve en el desierto, a veces nieva en los puntos más altos. Te imaginas lo impresionante que debe ser ver nevar sobre la arena?

The Galápagos Islands: A Unique World of Wildlife

Las Islas Galápagos: Un mundo único de vida salvaje

The Galápagos is fascinating not only for the uniqueness of its fauna but also for its geological story. The rocky structures and the animals you can find on the islands tell a significant story of our planet's history.

Las Galápagos son fascinantes no sólo por la singularidad de su fauna, sino también por su historia geológica. Las estructuras rocosas y los animales que se pueden encontrar en las islas cuentan una significativa historia de nuestro planeta.

The Galápagos is an archipelago of 19 volcanic islands. That means that they were formed when lava coming from submarine volcanoes cooled when they reached the water. The area has intense geological activity. They are placed at the intersection of three tectonic plates, the Nazca, the Cocos, and the Pacific. That's why there are so many volcanoes on the seafloor.

Las Galápagos son un archipiélago de 19 islas volcánicas. Eso significa que se formaron cuando la lava procedente de volcanes submarinos se enfrió al llegar al agua. La zona presenta una intensa actividad geológica. Están situadas en la intersección de tres placas tectónicas, la de Nazca, la de Cocos y la del Pacífico. Por eso hay tantos volcanes en el fondo marino.

The archipelago is located near the Equator about 600 miles from the coast of the South American country Ecuador. The amazing ecosystem isn't limited to the surface. Surrounding the islands, coral reefs and numerous marine fauna complete the scene.

This incredible place surrounded by the Pacific Ocean hosts species that can't be found anywhere else on Earth. Those species are so unique that Charles Darwin observed them to develop his theory of evolution. How these animals evolved in the islands and why they were isolated are still a mystery.

El archipiélago está situado cerca de la línea ecuatorial, a unas 600 millas de la costa del país sudamericano Ecuador. El asombroso ecosistema no se limita a la superficie. Rodeando las islas, arrecifes de coral y numerosa fauna marina completan la escena.

Este increíble lugar rodeado por el océano Pacífico alberga especies que no pueden encontrarse en ningún otro lugar de la Tierra. Esas especies son tan únicas que Charles Darwin las observó para desarrollar su teoría de la evolución. Cómo evolucionaron estos animales en las islas y por qué quedaron aislados sigue siendo un misterio.

One of the most popular animals that live only on the Galápagos Islands is the giant Galápagos tortoise, which can live to be 150 years old. If you are thinking that they were named after the islands, it was actually just the opposite. When the first Spanish explorers arrived on the island, they saw these giant turtles they had never seen before. They thought the shells looked like horse saddles. In Spanish, those are called *galapago,* and that's how they named the new islands.

The giant tortoises don't live alone. There are also fur seals, sea lions, and marine iguanas, which are some of the most important animals. There are also three bird species that have a surprising characteristic: They lost the ability to fly! Perhaps in their case, it is easier to guess why there aren't found anywhere else!

Uno de los animales más populares que sólo viven en las Islas Galápagos es la tortuga gigante de Galápagos, que puede llegar a vivir 150 años. Si estás pensando que recibieron su nombre por las islas, en realidad fue justo al revés. Cuando los primeros exploradores españoles llegaron a la isla, vieron estas tortugas gigantes que nunca antes habían visto. Pensaron que los caparazones parecían monturas de caballo. En castellano, se llaman *galápago,* y así bautizaron las nuevas islas.

Las tortugas gigantes no viven solas. También hay focas peleteras, leones marinos e iguanas marinas, que son algunos de los animales más importantes. También hay tres especies de aves que tienen una característica sorprendente: ¡han perdido la capacidad de volar! ¡Quizás en su caso, ¡es más fácil adivinar por qué no se encuentran en ningún otro lugar!

The Mariana Trench: Earth's Deepest Point

La Fosa de las Marianas: El punto más profundo de la Tierra

As you recently learned, Mount Everest is the highest point on the Earth's surface. Now, we are going to dive to the other extreme: the deepest point.

Como has aprendido recientemente, el Monte Everest es el punto más alto de la superficie terrestre. Ahora, vamos a sumergirnos hasta el otro extremo: el punto más profundo.

A trench is a hollow in the sea floor. To measure its depths, we calculate the distance to the sea level. For mountains, we say the height above sea level, and for trenches, we say the depth below sea level. They were formed when two tectonic plates collided, and one of them dove underneath the other.

Una fosa es un hueco en el fondo del mar. Para medir su profundidad, calculamos la distancia al nivel del mar. En el caso de las montañas, decimos la altura sobre el nivel del mar, y en el de las fosas, la profundidad bajo el nivel del mar. Se formaron cuando chocaron dos placas tectónicas y una de ellas se sumergió bajo la otra.

The Mariana Trench is the deepest hollow in the world that we know of so far. The trench is located in the southwestern Pacific Ocean, about 1,580 miles away from the Mariana Islands. They are close to the Philippines.

The bottom of the trench is 35,876 feet below sea level at its deepest spot, the Challenger Deep. If you compare it with Mount Everest, the trench is deeper than the mountain is tall!

Unlike with mountains, scientists face a great challenge to figure out how deep the Challenger Deep really is. They still lack sonars that can reach that deep beneath the water. Therefore, all the measures they have are approximations.

La Fosa de las Marianas es la cavidad más profunda del mundo que conocemos hasta ahora. La fosa se encuentra en el suroeste del océano Pacífico, a unas 1.580 millas de las islas Marianas. Éstas se encuentran cerca de Filipinas.

El fondo de la fosa está a 35.876 pies bajo el nivel del mar en su punto más profundo, el Abismo Challenger. Si se compara con el Monte Everest, ¡la fosa es más profunda que la altura de la montaña!

A diferencia de lo que ocurre con las montañas, los científicos se enfrentan a un gran reto para averiguar la profundidad real del abismo Challenger. Aún carecen de equipos de sondeo que puedan alcanzar tanta profundidad bajo el agua. Por lo tanto, todas las medidas que tienen son aproximaciones.

Human beings have been able to travel to outer space and learn a lot about the universe, but we know very little about how life is in the depths of the ocean floor. Almost everything about the Mariana Trench and the ecosystem it hosts remains a mystery. It is impossible to think that fish as we know them can live under so much pressure, but life always finds a way. Scientists believe that there might be unique sea species that have evolved and developed adaptive features to survive.

El ser humano ha podido viajar al espacio exterior y aprender mucho sobre el universo, pero sabemos muy poco sobre cómo es la vida en las profundidades del fondo oceánico. Casi todo sobre la Fosa de las Marianas y el ecosistema que alberga sigue siendo un misterio. Es imposible pensar que los peces tal y como los conocemos puedan vivir bajo tanta presión, pero la vida siempre encuentra un camino. Los científicos creen que podría haber especies marinas únicas que han evolucionado y desarrollado características adaptativas para sobrevivir.

4

FASCINATING PLACES
LUGARES FASCINANTES

Although human beings will never be able to imitate nature's greatness, we have tried! Civilizations of all times and places in the world have built fascinating architectural landmarks. Each of them contains a piece of humankind's history.

Aunque los seres humanos nunca podremos imitar la grandeza de la naturaleza, ¡lo hemos intentado! Civilizaciones de todos los tiempos y lugares del mundo han construido hitos arquitectónicos fascinantes. Cada uno de ellos contiene un fragmento de la historia de la humanidad.

Let's learn about some of the most remarkable!

¡Conozcamos algunos de los más notables!

The Great Wall of China: A Monumental Feat

La Gran Muralla China: Una proeza monumental

The Great Wall of China is the greatest man-made building in the world and in history. It spans over 13,000 miles, passing through mountains, valleys, and deserts across the immense country of China.

La Gran Muralla China es la mayor construcción humana del mundo y de la historia. Abarca más de 13.000 millas, atravesando montañas, valles y desiertos a través del inmenso país de China.

Although we call it the Great Wall, it entails many different walls that were built at different moments. Archeologists believe that the wall was built over 2,000 years ago. The objective of such a colossal building was to protect the kingdom. That means that the wall was, in fact, a fortress and also served to establish the limits of the empire.

Aunque la llamamos la Gran Muralla, encierra muchos muros diferentes que se construyeron en distintos momentos. Los arqueólogos creen que la muralla se construyó hace más de 2.000 años. El objetivo de tan colosal construcción era proteger el reino. Eso significa que la muralla era, de hecho, una fortaleza y también servía para establecer los límites del imperio.

The Chinese Empire was ruled by several royal dynasties. Each of them annexed more territories. Therefore, they had to extend the fortification to preserve their lands. The Xiongnu people, a nomadic tribe from the north, were one of their most fearsome enemies.

El Imperio chino estuvo gobernado por varias dinastías reales. Cada una de ellas se adueñaba de más territorios. Por ello, tuvieron que ampliar la fortificación para preservar sus tierras. El pueblo xiongnu, una tribu nómada del norte, era uno de sus enemigos más temibles.

Besides its military role, the Great Wall helped to develop the farmlands in the north of the country. Sometime later, it was used to concentrate the trade route. It connected the most important cities of ancient China. It was then a part of the Silk Road. Goods produced in China and carried out through that road were sold to Europe.

Además de su función militar, la Gran Muralla ayudó a desarrollar las tierras de cultivo del norte del país. Más tarde, sirvió para concentrar la ruta comercial. Conectaba las ciudades más importantes de la antigua China. Formaba entonces parte de la Ruta de la Seda. Las mercancías producidas en China y transportadas a través de esa carretera se vendían a Europa.

It is believed that hundreds of thousands of people were involved in the construction of the wall. Some of the workers were soldiers, but most of them were peasants, criminals, and war prisoners. They were forced to work in terrible conditions, and thousands of them died of starvation and exhaustion. This is why the monument is also known as “the long graveyard.” Besides the workers, thousands of soldiers also died on the wall in the hundreds of battles that were fought on it.

Se cree que cientos de miles de personas participaron en la construcción de la muralla. Algunos de los trabajadores eran soldados, pero la mayoría eran campesinos, criminales y prisioneros de guerra. Fueron obligados a trabajar en condiciones terribles, y miles de ellos murieron de hambre y agotamiento. Por eso el monumento también se conoce como "el largo cementerio". Además de los trabajadores, miles de soldados también murieron en el muro en los cientos de batallas que se libraron en él.

The Egyptian Pyramids: Ancient Wonders

Las pirámides de Egipto: Maravillas de la Antigüedad

They were considered one of the Seven Wonders of the Ancient World, and are the only one of those monuments that exist in the present. Although archeologists couldn't give a precise date for their building, these pyramids were constructed over 4,000 years ago. It is still impressive how such ancient buildings have been preserved for all this time.

Fueron consideradas una de las Siete Maravillas del Mundo Antiguo, y son el único de esos monumentos que existe en la actualidad. Aunque los arqueólogos no pudieron precisar la fecha de su construcción, estas pirámides se construyeron hace más de 4.000 años. Sigue siendo impresionante cómo se han conservado edificios tan antiguos durante todo este tiempo.

Many ancient civilizations built pyramids for different purposes. The three pyramids of Giza were built by the ancient Egyptians. They are located outside Cairo, Egypt's capital city.

Muchas civilizaciones antiguas construyeron pirámides con distintos fines. Las tres pirámides de Guiza fueron construidas por los antiguos egipcios. Están situadas a las afueras de El Cairo, la capital de Egipto.

There are many theories about what Egyptians built the pyramids for. The most accepted tale says that they were used to bury the bodies of the pharaohs, ancient Egypt's kings. In the pyramids, pharaohs could take with them everything they needed for life in the other world, including wealth, servants, and weapons. The three pyramids of Giza were built to honor Pharaoh Khufu, his son Khafre, and Menkaure, son of Khafre.

The greatest pyramid was built on the order of Pharaoh Khufu, a member of the 4th dynasty. It is 481 feet high and about 755 feet long on each side of its base. These huge tombs are surrounded by many other smaller pyramids that were built for the pharaoh's wives and other relatives.

Hay muchas teorías sobre el motivo por el que los egipcios construyeron las pirámides. La más aceptada dice que se utilizaron para enterrar los cuerpos de los faraones, los reyes del antiguo Egipto. En las pirámides, los faraones podían llevarse todo lo que necesitaban para la vida en el otro mundo, incluidas riquezas, sirvientes y armas. Las tres pirámides de Guiza se construyeron en honor del faraón Khufu, su hijo Khafre y Menkaure, hijo de Khafre.

La pirámide más grande fue construida por orden del faraón Khufu, miembro de la IV dinastía. Tiene 481 pies de altura y unos 755 pies de longitud a cada lado de su base. Estas enormes tumbas están rodeadas de muchas otras pirámides más pequeñas que se construyeron para las esposas del faraón y otros familiares.

These pyramids were built out of millions of blocks of stones that were cut and transported by peasants. They were forced to work for the pharaoh after they finished their daily labor. The perfection of the structures shows the highly developed skills of ancient Egyptians as architects and engineers. The Great Pyramid took 20 years to build and required about 100,000 workers.

Inside, the pyramids are a labyrinth of corridors and chambers. The walls of the inner chambers had sidelong narrow passages that led to the outside and let the light of the sun enter the tomb. It is unknown if that was for religious purposes or just for ventilation. The internal walls of the pyramids are covered with hieroglyphics, ancient Egypt's writing system.

Estas pirámides se construyeron con millones de bloques de piedra cortados y transportados por campesinos. Se les obligaba a trabajar para el faraón cuando terminaban su labor diaria. La perfección de las estructuras muestra las habilidades altamente desarrolladas de los antiguos egipcios como arquitectos e ingenieros. La Gran Pirámide tardó 20 años en construirse y necesitó unos 100.000 trabajadores.

En su interior, las pirámides son un laberinto de pasillos y cámaras. Las paredes de las cámaras interiores tenían estrechos pasadizos laterales que daban al exterior y dejaban entrar la luz del sol en la tumba. Se desconoce si era por motivos religiosos o sólo para ventilar. Las paredes interiores de las pirámides están cubiertas de jeroglíficos, el sistema de escritura del antiguo Egipto.

The Eiffel Tower: Paris's Iconic Landmark

La Torre Eiffel: El emblema de París

Probably one of the most recognizable monuments in the world, *La Tour Eiffel*, as it is called in French, receives thousands of visitors every year, but it still hides a lot of secrets.

Probablemente uno de los monumentos más reconocibles del mundo, *La Tour Eiffel*, como se denomina en francés, recibe miles de visitantes cada año, pero sigue escondiendo muchos secretos.

The Eiffel Tower stands in Paris, near a place called *Champs de Mars* (Field of Mars). There, citizens and tourists sit to admire the beauty of the tower. Many years ago, that's where the French revolutionaries met to discuss how to end the monarchy in their country. In fact, The Eiffel Tower was built to celebrate the 100th anniversary of the French Revolution.

La Torre Eiffel se alza en París, cerca de un lugar llamado *Champs de Mars* (Campo de Marte). Allí, ciudadanos y turistas se sientan a admirar la belleza de la torre. Hace muchos años, allí se reunieron los revolucionarios franceses para discutir cómo acabar con la monarquía en su país. De hecho, la Torre Eiffel se construyó para celebrar el centenario de la Revolución Francesa.

The tower was built in 1889 for the World's Fair, an industrial exhibition. It was supposed to prove the architectural and industrial power of the country. It was built in just two years. That was a feat for those times! Its designer and the director of the work was the civil engineer Gustave Eiffel. The monument was later named after him.

La Tour Eiffel is 1,063 feet tall, and its weight is estimated at 10,000 tons. The tower is completely made of iron. It took 7,300 tons of iron and about 2.5 million rivets to hold the structure together. That's a lot of metal!

The most amazing thing about the tower is that people can climb it to have the most beautiful sights of Paris, the "City of Light." The monument is divided into four levels. The first two are accessible through the stairs, but to climb to the top, people take the elevators. The view from the top is breathtaking!

La torre se construyó en 1889 para la Exposición Universal, una muestra industrial. Debía demostrar la potencia arquitectónica e industrial del país. Se construyó en sólo dos años. Toda una proeza para la época. Su diseñador y director de la obra fue el ingeniero civil Gustave Eiffel. Más tarde, el monumento recibió su nombre.

La Tour Eiffel mide 1.063 pies de altura y su peso se estima en 10.000 toneladas. La torre es completamente de hierro. Se necesitaron 7.300 toneladas de hierro y unos 2,5 millones de remaches para mantener unida la estructura. ¡Eso es mucho metal!

Lo más asombroso de la torre es que la gente puede subir a ella para contemplar las vistas más hermosas de París, la "Ciudad de la Luz". El monumento está dividido en cuatro niveles. Los dos primeros son accesibles por las escaleras, pero para subir a la cima, la gente toma los ascensores. ¡Las vistas desde arriba son impresionantes!

Paris is a city full of history and important landmarks, but *La Tour Eiffel* is definitely the star. The Iron Lady, as it is also called, attracts tourists from all over the world. Since its opening, over 300 million people have come to visit it.

París es una ciudad llena de historia e importantes monumentos, pero *La Tour Eiffel* es sin duda la estrella. La Dama de Hierro, como también se la llama, atrae a turistas de todo el mundo. Desde su inauguración, más de 300 millones de personas han acudido a visitarla.

The Statue of Liberty: A Symbol of Freedom

La Estatua de la Libertad: Símbolo de libertad

Although it is one of the most famous landmarks, not everyone knows its full name: The Statue of Liberty Enlightening the World. Besides being a favorite place for tourists, it conveys a message of peace, freedom, and friendship.

Si bien es uno de los monumentos más famosos, no todo el mundo conoce su nombre completo: La Estatua de la Libertad Iluminando el Mundo. Además de ser uno de los lugares favoritos de los turistas, transmite un mensaje de paz, libertad y amistad.

It is placed on Liberty Island, in New York Harbor, and it opened to the public in 1886. The people of France sent the statue as a symbol of friendship. It is closely related to the Eiffel Tower since its metal structure was also made by Gustave Eiffel.

Está situada en la Isla de la Libertad, en el puerto de Nueva York, y se abrió al público en 1886. El pueblo de Francia envió la estatua como símbolo de amistad. Está estrechamente relacionada con la Torre Eiffel, ya que su estructura metálica también fue obra de Gustave Eiffel.

The statue was completely built in France and brought to the United States in pieces. It took 9 years to disassemble it and rebuild it at its final destination. It is made of copper and covered with a patina to protect it from the weather conditions. It is 305 feet tall, including the pedestal.

Estados Unidos en piezas. Se tardaron 9 años en desmontarla y reconstruirla en su destino final. Está hecha de cobre y recubierta de una pátina para protegerla de las inclemencias del tiempo. Mide 305 pies de altura, incluyendo su pedestal.

Besides being a beautiful monument, the Statue of Liberty is full of deep symbolism. It represents a woman with a seven-pointed crown on her head. These points are rays that represent the seas and continents. Others believe that the crown of rays shows the divinity of liberty.

The statue holds a tablet in her left hand. The date of the Declaration of Independence of the United States is engraved on that tablet: July 4th, 1776. In her right hand, the statue holds a torch. It represents reason enlightening the world. The torch's length is 29 feet from the handle to the flame tip.

Visitors can climb the statue and see New York City. There is a first level at the top of the pedestal where the woman stands, then there are stairs and elevators to access the crown and the torch.

Además de ser un bello monumento, la Estatua de la Libertad está cargada de un profundo simbolismo. Representa a una mujer con una corona de siete puntas en la cabeza. Estas puntas son rayos que representan los mares y los continentes. Otros creen que la corona de rayos muestra la divinidad de la libertad.

La estatua sostiene una tablilla en la mano izquierda. En ella está grabada la fecha de la Declaración de Independencia de los Estados Unidos: 4 de julio de 1776. En su mano derecha, la estatua sostiene una antorcha. Representa la razón que ilumina el mundo. La longitud de la antorcha es de 29 pies desde el mango hasta la punta de la llama.

Los visitantes pueden subir a la estatua y contemplar la ciudad de Nueva York. Hay un primer nivel en la parte superior del pedestal, donde está la mujer, y luego hay escaleras y ascensores para acceder a la corona y a la antorcha.

When the Statue of Liberty was first placed in the harbor, it was used as a lighthouse. The light of the torch was a navigation aid for the ships that approached New York, especially Ellis Island, where thousands of immigrants arrived. The Statue was the first thing they saw in the new land. We can imagine their joy to finally arrive at their new home!

Cuando la Estatua de la Libertad se colocó por primera vez en el puerto, se utilizaba como faro. La luz de la antorcha era una ayuda a la navegación para los barcos que se acercaban a Nueva York, especialmente a Ellis Island, donde llegaban miles de inmigrantes. La Estatua fue lo primero que vieron en la nueva tierra. ¡Podemos imaginar su alegría al llegar por fin a su nuevo hogar!

Machu Picchu: The Lost City of the Incas

Machu Picchu: la ciudad perdida de los incas

Ancient civilizations from different places around the world have built lasting structures: bridges, monuments, buildings, and cities. One of the most impressive is Machu Picchu, the sacred city of the Incas.

Antiguas civilizaciones de distintos lugares del mundo han construido estructuras que han perdurado: puentes, monumentos, edificios y ciudades. Una de las más impresionantes es Machu Picchu, la ciudad sagrada de los incas.

It is located in Peru, at almost 8,000 feet above sea level. It was built on the slopes of the Andes Range, surrounded by a leafy rainforest. It was built in the vicinity of Cusco, the capital of the Incan Empire, about 500 years ago.

Se encuentra en Perú, a casi 2.000 metros sobre el nivel del mar. Fue construida en las laderas de la cordillera de los Andes, rodeada de una frondosa selva tropical. Se construyó en las proximidades de Cuzco, la capital del Imperio Inca, hace unos 500 años.

The city includes 200 structures, all made of stone. The Incas were talented engineers. They had developed a special technique to make their buildings resistant to environmental conditions. Even though they were built so many years ago, the walls of many of those buildings are still standing. The Incas cut the stones into smaller pieces and assembled them like a puzzle so that they wouldn't collapse if there was an earthquake, which is very frequent in the mountains.

La ciudad cuenta con 200 estructuras, todas ellas de piedra. Los incas eran ingenieros talentosos. Habían desarrollado una técnica especial para que sus edificios resistieran a las condiciones ambientales. Aunque se construyeron hace tantos años, los muros de muchos de esos edificios siguen en pie. Los incas cortaban las piedras en piezas más pequeñas y las ensamblaban como un puzzle para que no se derrumbaran si se producía un terremoto, algo muy frecuente en las montañas.

Machu Picchu is divided into the urban side (the *Ciudadela*) and the agricultural lands surrounding it. The Incas weren't only excellent builders. They had also designed an innovative way to cultivate crops on the slopes of the mountains and benefit from the rain. They built cultivation terraces in the shape of a stair.

Machu Picchu se divide en la parte urbana (la Ciudadela) y las tierras agrícolas que la rodean. Los incas no sólo eran excelentes constructores. También habían diseñado una forma innovadora de cultivar en las laderas de las montañas y beneficiarse de la lluvia. Construyeron terrazas de cultivo en forma de escalera.

In the *Ciudadela* (the citadel), there are several stone structures. One of the most famous is the Temple of the Three Windows. It is believed that it originally had five windows, but only three are still preserved. Archeologists think that they represent the three parts of this world: the underground (*Uku-Pacha*), heaven (*Hanan-Pacha*), and the present (*Kay-Pacha*).

En *la Ciudadela* hay varias estructuras de piedra. Una de las más famosas es el Templo de las Tres Ventanas. Se cree que originalmente tenía cinco ventanas, pero sólo se conservan tres. Los arqueólogos creen que representan las tres partes de este mundo: el subsuelo (*Uku-Pacha*), el cielo (*Hanan-Pacha*) y el presente (*Kay-Pacha*).

However, there are several theories about what Machu Picchu represented for the Incas. It could be a place to honor the king (the *Inca*) or a ceremonial center for religious practices.

Sin embargo, existen varias teorías sobre lo que Machu Picchu representaba para los incas. Podría haber sido un lugar para honrar al rey (el Inca) o un centro ceremonial para prácticas religiosas.

The Colosseum: A Glimpse Into Ancient Rome

El Coliseo: Un destello de la antigua Roma

Ancient Romans were pioneers in great architectural and engineering works. They left important buildings and monuments across all the territory that once belonged to the empire. Bridges, arches, baths, and amphitheaters are some of the most remarkable. However, the Colosseum is the symbol of Rome's greatness and legacy.

Roman emperors used public spectacles to entertain people and exhibit their power. In the year 70, the Flavian emperors ordered the building of a new amphitheater in Rome. After two years of work, it was finished and was named after the royal family: The Flavian Amphitheater, better known as the Colosseum.

Los antiguos romanos fueron pioneros en grandes obras arquitectónicas y de ingeniería. Dejaron importantes edificios y monumentos por todo el territorio que perteneció al imperio. Puentes, arcos, termas y anfiteatros son algunos de los más notables. Sin embargo, el Coliseo es el símbolo de la grandeza y el legado de Roma.

Los emperadores romanos utilizaban los espectáculos públicos para entretener al pueblo y exhibir su poder. En el año 70, los emperadores Flavios ordenaron la construcción de un nuevo anfiteatro en Roma. Tras dos años de obras, quedó terminado y recibió el nombre de la familia real: El Anfiteatro Flavio, más conocido como el Coliseo.

The structure is 620 by 513 feet and could hold 50,000 spectators. It had eight entrances, two of them reserved for the participants, and two were used exclusively by the emperor. It also had a canvas ceiling to protect the public from the sun. Beneath the central arena were tunnels and cages where animals were kept to be introduced to the field during the events.

La estructura medía 620 por 513 pies y tenía capacidad para 50.000 espectadores. Tenía ocho entradas, dos de ellas reservadas a los participantes y dos de uso exclusivo del emperador. También tenía un techo de lona para proteger al público del sol. Bajo la arena central había túneles y jaulas donde se guardaban los animales que se introducían en el campo durante los eventos.

The amphitheater was inaugurated by Emperor Titus, and there were 100 days of gladiator competitions. Historical records tell us that 2,000 gladiators lost their lives in those games. The gladiators used to enact epic battles or fight each other using real weapons. They weren't sportsmen; they risked their lives in those events.

El anfiteatro fue inaugurado por el emperador Tito y se celebraron 100 días de competiciones de gladiadores. Los registros históricos cuentan que 2.000 gladiadores perdieron la vida en aquellos juegos. Los gladiadores solían representar batallas épicas o luchar entre sí utilizando armas reales. No eran deportistas; arriesgaban sus vidas en esos eventos.

Besides gladiators' encounters, the Colosseum was also used for theater performances, public executions, and the exhibition of exotic animals. Emperor Commodus even performed himself in the arena of the Colosseum in combat demonstrations.

Además de los encuentros entre gladiadores, el Coliseo también se utilizaba para representaciones teatrales, ejecuciones públicas y la exhibición de animales exóticos. El emperador Cómodo llegó a actuar él mismo en la arena del Coliseo en demostraciones de combate.

As time passed, the Roman emperors faced severe conflicts. The games and spectacles displayed in the Colosseum lost their importance, and it was abandoned. Then the building began to deteriorate. In the 5th century, a series of earthquakes damaged the structure, and it was never rebuilt. By then, the Roman Empire was in a deep crisis and eventually fell.

Con el paso del tiempo, los emperadores romanos se enfrentaron a graves conflictos. Los juegos y espectáculos exhibidos en el Coliseo perdieron su importancia, y fue abandonado. Luego, el edificio comenzó a deteriorarse. En el siglo V, una serie de terremotos dañaron su estructura, que nunca llegó a reconstruirse. Para entonces, el Imperio Romano estaba sumido en una profunda crisis y acabó cayendo.

In the present, the monument has been restored to preserve the original ruins and structures. It receives millions of visitors every year.

En la actualidad, el monumento ha sido restaurado para conservar las ruinas y estructuras originales. Recibe millones de visitantes cada año.

The Taj Mahal: A Monument to Love

El Taj Mahal: Un monumento al amor

Next, you are invited to visit the mysterious lands of India and learn about a palace built in the name of eternal love: The Taj Mahal.

A continuación, te invitamos a visitar las misteriosas tierras de la India y a conocer un palacio construido en nombre del amor eterno: El Taj Mahal.

In 1631, Emperor Shah Jahan was married to Mumtaz Mahal. They lived in Burhanpur. One day, his beloved wife died unexpectedly. He was so devastated by his loss that he decided to honor his wife's memory.

En 1631, el emperador Shah Jahan se casó con Mumtaz Mahal. Vivían en Burhanpur. Un día, su amada esposa murió inesperadamente. Estaba tan devastado por su pérdida que decidió honrar la memoria de su esposa.

He wanted to build a tomb that was worthy of his queen. It had to represent how much he loved her and how deeply he missed her. He ordered the construction of the Taj Mahal. It had to be the replica of Paradise on Earth. The architects of the court worked for seven months to design a mausoleum (a tomb) that represented the emperor's desires.

Quería construir una tumba que fuera digna de su reina. Tenía que representar lo mucho que la amaba y lo mucho que la echaba de menos. Ordenó la construcción del Taj Mahal. Tenía que ser la réplica del Paraíso en la Tierra. Los arquitectos de la corte trabajaron durante siete meses para diseñar un mausoleo (una tumba) que representara los deseos del emperador.

The place chosen to build the tomb was Agra, by the Yamuna River. The Taj Mahal included the mausoleum where Mumtaz would rest for eternity. The main building was surrounded by gardens and other buildings to host visitors and the people that worked there. There was also a mosque, since the emperor was Muslim.

The Taj Mahal is a unique architectural piece. It's made of white marble that reflects the light of the sun and the moon. The building seems to shine. It has a wide central arch of 108 feet and a huge dome 240 feet high. It is surrounded by smaller domes. Everything in the building and the rest of the installations are perfectly organized in a symmetrical disposition. This is the Arabic way to represent eternity.

The interiors of the tomb are decorated with white marble, semi-precious stone pieces, and carefully cultivated gardens. The walls have Arabic inscriptions that tell the story of how the Taj Mahal was built.

El lugar elegido para construir la tumba fue Agra, junto al río Yamuna. El Taj Mahal incluía el mausoleo donde Mumtaz descansaría por toda la eternidad. El edificio principal estaba rodeado de jardines y otros edificios para acoger a los visitantes y a la gente que trabajaba allí. También había una mezquita, ya que el emperador era musulmán.

El Taj Mahal es una pieza arquitectónica única. Está hecho de mármol blanco que refleja la luz del sol y la luna. El edificio parece brillar. Tiene un amplio arco central de 108 pies y una enorme cúpula de 240 pies de altura. Está rodeada de cúpulas más pequeñas. Todo en el edificio y el resto de las instalaciones está perfectamente organizado en una disposición simétrica. Esta es la manera que tienen los árabes de representar la eternidad.

Los interiores de la tumba están decorados con mármol blanco, piezas de piedras semipreciosas y jardines cuidadosamente cultivados. Las paredes tienen inscripciones árabes que cuentan la historia de cómo se construyó el Taj Mahal.

The Acropolis of Athens: A Testament to Ancient Greece

La Acrópolis de Atenas: Un testamento de la antigua Grecia

In ancient times, the Greeks lived in the *polis*, cities that were free states. Athens was one of them. In the present, it is the capital of the country, and over 2,500 years ago, it was the center of Greek civilization. The Acropolis is a symbol of that civilization and its legacy.

It is difficult to determine when the Acropolis was built. It is believed that it was under the reign of Pericles. It is not a monument but a citadel placed on a hill in the south of a region called Attica. It is surrounded by other smaller hills, which gives the Acropolis the shape of a fortification.

En la antigüedad, los griegos vivían en las polis, ciudades que eran estados libres. Atenas era una de ellas. En la actualidad es la capital del país, y hace más de 2.500 años fue el centro de la civilización griega. La Acrópolis es un símbolo de esa civilización y de su legado.

Es difícil determinar cuándo se construyó la Acrópolis. Se cree que fue bajo el reinado de Pericles. No es un monumento, sino una ciudadela situada en una colina al sur de una región llamada Ática. Está rodeada por otras colinas más pequeñas, lo que da a la Acrópolis la forma de una fortificación.

The Acropolis covers a surface about 985 feet long and 490 feet wide. Like many cities, it was rounded by defensive walls of about 32 feet high. In the past, this citadel must have been the political and economic center of Athens.

La Acrópolis cubre una superficie de unos 985 pies de largo y 490 pies de ancho. Como muchas ciudades, estaba rodeada de murallas defensivas de unos 10 metros de altura. En el pasado, esta ciudadela debió de ser el centro político y económico de Atenas.

The citadel was the place for important buildings. The Parthenon is the most renowned of them. It was built to honor the patron deity of the polis, Athena, goddess of wisdom. It was made of limestone and decorated with Doric-style columns. The Erechtheum is another temple dedicated to Athena and Poseidon, the god of the seas. There is also a theater, Odeon of Herodes Atticus. The theater played a central role in Greek life.

En la ciudadela se construyeron importantes edificios. El Partenón es el más famoso de ellos. Se construyó para honrar a la deidad patrona de la polis, Atenea, diosa de la sabiduría. Era de piedra caliza y estaba decorado con columnas de estilo dórico. El Erecteum es otro templo dedicado a Atenea y a Poseidón, dios de los mares. También hay un teatro, el Odeón de Herodes Ático. El teatro desempeñaba un papel central en la vida griega.

The Acropolis is the perfect example of how the Greeks organized the city. All the important buildings were gathered in the citadel. The fragments of marble, the slabs with engraved inscriptions, and pieces of walls and columns are proof of ancient splendor. In the present, everything is reduced to ruins, although it has priceless archeological and cultural value.

La Acrópolis es el ejemplo perfecto de cómo los griegos organizaban la ciudad. Todos los edificios importantes estaban reunidos en la ciudadela. Los fragmentos de mármol, las losas con inscripciones grabadas y los trozos de muros y columnas, son prueba del antiguo esplendor. En la actualidad, todo está reducido a ruinas, aunque posee un valor arqueológico y cultural incalculable.

The Leaning Tower of Pisa: Italy's Tilted Treasure

La torre inclinada de Pisa: el tesoro inclinado de Italia

This is the story of a landmark that became famous not so much for its history as for its flaws: It's leaning! But, was it a failure of the architects' work?

Esta es la historia de un monumento que se hizo famoso no tanto por su historia como por sus defectos: ¡Se inclina! Pero, ¿fue un fallo del trabajo de los arquitectos?

If you think of a tower, you probably picture a structure that has at least two characteristics: It's tall, and it's straight. However, the Tower of Pisa doesn't match those characteristics, and for that, people from all over the world go to Italy to visit it and take photographs. It is common to see the tourists making poses as if they were holding the tower up.

Si piensas en una torre, probablemente te imagines una estructura que tiene al menos dos características: Es alta y es recta. Sin embargo, la Torre de Pisa no reúne esas características, y por eso, gente de todo el mundo va a Italia a visitarla y tomar fotografías. Es habitual ver a los turistas haciendo poses como si sostuvieran la torre en alto.

The medieval tower isn't a single monument. It is one part of the cathedral complex called *Campo dei Miracoli* or *Piazza dei Miracoli* (Field or Square of Miracles). The Tower of Pisa isn't actually its name; it is just called "the bell tower."

La torre medieval no es un monumento aislado. Forma parte del complejo catedralicio llamado *Campo dei Miracoli* o *Piazza dei Miracoli* (Campo o Plaza de los Milagros). La Torre de Pisa no es realmente su nombre; simplemente se la llama "el campanario".

Its construction began in the year 1173, and it was the last part of the cathedral. It was meant to be 185 feet high, and it was made of marble pieces. However, a war broke out between Pisa and other Italian cities, and the work stopped for almost a century.

When the new architect was assigned to continue the building, he noticed that the tower had leaned. Apparently, the foundations of the building weren't even. That means that the tower started leaning while it was being built. The new architect tried to compensate for the inclination with new stories on the lower side, but it didn't work. Instead, the weight of the new constructions made the ground yield. The tower leaned even more!

Su construcción se inició en el año 1173, y fue la última parte de la catedral. Debía tener 185 pies de altura y estaba hecha de piezas de mármol. Sin embargo, estalló una guerra entre Pisa y otras ciudades italianas, y las obras se detuvieron durante casi un siglo.

Cuando el nuevo arquitecto fue designado para continuar la construcción, se dio cuenta de que la torre se había inclinado. Al parecer, los cimientos del edificio no estaban nivelados. Eso significa que la torre empezó a inclinarse mientras se construía. El nuevo arquitecto intentó compensar la inclinación con nuevos niveles en la parte inferior, pero no funcionó. En lugar de eso, el peso de las nuevas construcciones hizo que el suelo cediera. ¡La torre se inclinó aún más!

The tower wasn't finished until the 1300s. Although many architects and engineers were involved, no one could solve the problem of the slant, so they decided to leave it that way after checking that there was no danger. The tower has endured for over 800 years and has become a tourist attraction.

La torre no se concluyó hasta la década de 1300. Aunque intervinieron muchos arquitectos e ingenieros, nadie pudo resolver el problema de la inclinación, así que decidieron dejarla así tras comprobar que no había peligro. La torre ha perdurado más de 800 años y se ha convertido en una atracción turística.

However, some security measures were implemented. The Tower of Pisa had seven bells of 8,000 pounds each. It was decided that they wouldn't ring because the weight of the bells moving could make the Tower lean even more.

Sin embargo, se aplicaron algunas medidas de seguridad. La Torre de Pisa tenía siete campanas de 8.000 libras cada una. Se decidió que no sonaran porque el peso de las campanas en movimiento podría hacer que la Torre se inclinara aún más.

The Great Sphinx: A Mysterious Guardian

La Gran Esfinge: un guardián misterioso

Let's go back to the margins of the Nile River in Egypt, where we previously visited the pyramids of Giza. Close to the Great Pyramid, an enigmatic statue gazes at the Sahara Desert. It is the Great Sphinx, a mystery that remains unrevealed.

Volvamos a las márgenes del río Nilo, en Egipto, donde antes visitamos las pirámides de Guiza. Cerca de la Gran Pirámide, una enigmática estatua contempla el desierto del Sahara. Es la Gran Esfinge, un misterio que sigue sin develarse.

The Great Sphinx of Giza has the head of a human being with a royal headdress and the body of a lion lying down, with its tail at one side. The Greeks gave it the name "sphinx," as it resembles the mythological animal that has a head of a human being and the body of a feline. The local Arab people called it *Abu Al-Hol,* which means "The Father of Terror."

La Gran Esfinge de Guiza tiene la cabeza de un ser humano con tocado real y el cuerpo de un león tumbado, con la cola a un lado. Los griegos le dieron el nombre de "esfinge", ya que se parece al animal mitológico que tiene cabeza de ser humano y cuerpo de felino. Los árabes locales la llamaron *Abu Al-Hol,* que significa "El Padre del Terror".

The Great Sphinx of Giza is placed with its tail pointing west, and its face looks to the east. It is 240 feet long and 66 feet high. When it was built, the stones used to carve the statue were destined for the construction of a temple. While the statue is supposedly dedicated to the pharaoh, the temple was to honor the Egyptian sun god Ra.

La Gran Esfinge de Guiza está dispuesta con la cola apuntando al oeste, y su cara mirando hacia el este. Mide 240 pies de largo y 66 de alto. Cuando se construyó, las piedras utilizadas para tallar la estatua estaban destinadas a la construcción de un templo. Aunque la estatua está supuestamente dedicada al faraón, el templo era para honrar al dios del sol egipcio Ra.

Some theories tell that in ancient times, the Sphinx was worshiped as the god Horus. This god had the head of a falcon and the body of a man. The sphinx's head could be taken for that of a falcon. However, it is believed that the statue represents Pharaoh Khafre because the sphinx is connected to the pyramid built in his honor. There is an underground tunnel that links both monuments.

Algunas teorías cuentan que, en la antigüedad, la Esfinge era adorada como el dios Horus. Este dios tenía cabeza de halcón y cuerpo de hombre. La cabeza de la esfinge podría tomarse por la de un halcón. Sin embargo, se cree que la estatua representa al faraón Khafre porque la esfinge está conectada a la pirámide construida en su honor. Hay un túnel subterráneo que une ambos monumentos.

There is no evidence of who built the Sphinx or when, but everything indicates that it was built with the pyramid. Some archeologists believed that the Sphinx is older than the pyramids.

The statue has been severely damaged by erosion for almost 4,000 years. The face is barely recognizable today. Nonetheless, it is believed that it was destroyed by Napoleon Bonaparte's troops during their military campaign in Egypt and not as the result of erosion from wind and the passing of time.

No hay pruebas de quién construyó la Esfinge ni de cuándo, pero todo indica que se construyó junto con la pirámide. Algunos arqueólogos creían que la Esfinge es más antigua que las pirámides.

La estatua ha estado gravemente dañada por la erosión durante casi 4.000 años. El rostro apenas es reconocible hoy en día. No obstante, se cree que fue destruida por las tropas de Napoleón Bonaparte durante su campaña militar en Egipto y no como resultado de la erosión del viento y el paso del tiempo.

5

AMAZING ANIMALS
ANIMALES ASOMBROSOS

There are millions of species of animals in the world, and they are all equally valuable to the Earth's ecosystems. However, you will read about some of the most incredible animals here.

The more you learn about wildlife and nature, the better you will understand why it is so important to preserve them!

Hay millones de especies de animales en el mundo, y todas son igual de valiosas para los ecosistemas de la Tierra. Sin embargo, aquí leerás sobre algunos de los animales más increíbles.

Cuanto más aprendas sobre la fauna y la naturaleza, ¡mejor entenderás por qué es tan importante preservarlas!

The Life of a Honeybee: Nature's Tiny Workers

La vida de una abeja melífera: Las minúsculas obreras de la naturaleza

---

It is true that it hurts being stung by a bee, and for that reason, a lot of people are afraid of them. Most of the time, people try to kill bees when they see them. That's a huge mistake! Bees are famous for producing honey, but that isn't the only benefit that they bring to nature. They are the key for many species to reproduce, and now they are in danger.

Es cierto que duele cuando te pica una abeja, y por eso mucha gente les tiene miedo. La mayoría de las veces, la gente intenta matar a las abejas cuando las ve. Es un gran error. Las abejas son famosas por producir miel, pero ése no es el único beneficio que aportan a la naturaleza. Son la clave para que muchas especies se reproduzcan, y actualmente están en peligro.

A bee is a flying insect, similar to flies and wasps but with a totally different mission. There are about 20,000 species of bees in the world, and they don't have identical features. Some of them produce honey while others don't, and only some species have a stinger, yet they are all important.

Una abeja es un insecto volador, parecido a las moscas y las avispas, pero con una misión totalmente distinta. Hay unas 20.000 especies de abejas en el mundo, y no tienen características idénticas. Algunas producen miel y otras no, y sólo algunas especies tienen aguijón, pero todas son importantes.

Some species of bees take the nectar from the flowers, take them to the hive, and produce honey. These bees can be several different colors, but the most common colors are yellow and black or brown. You must have seen them in your garden more than once.

They are social insects, which means that they live in communities. They don't only live together; they are also organized in groups with different functions. They work together to build the hives in the trees, using the wax they manufacture with the nectar to build the cells where honey is stored. There, the queen bee has the larvae (the offspring), and the others cooperate to feed them.

Algunas especies de abejas toman el néctar de las flores, lo llevan a la colmena y producen miel. Estas abejas pueden ser de varios colores, pero los más comunes son el amarillo y el negro o marrón. Seguro que las has visto en tu jardín más de una vez.

Son insectos sociales, lo que significa que viven en comunidad. No sólo viven juntas, sino que también se organizan en grupos con distintas funciones. Trabajan juntas para construir las colmenas en los árboles, utilizando la cera que fabrican con el néctar para construir las celdas donde se almacena la miel. Allí, la abeja reina tiene las larvas (las crías), y las demás cooperan para alimentarlas.

Bees play a central role in the pollination of the world's plants. Bees don't only go from one flower to another searching for nectar. They also take the pollen to feed the larvae in the hives. While they do that, the pollen gets stuck to the little hairs that cover the bee's bodies and legs. Each time a bee visits a flower, it takes the pollen from one flower to another, which helps flowers to reproduce. If bees disappeared, who would do that job?

Las abejas desempeñan un papel fundamental en la polinización de las plantas del mundo. Las abejas no sólo van de una flor a otra en busca de néctar. También se llevan el polen para alimentar a las larvas de las colmenas. Mientras lo hacen, el polen se queda pegado a los pelitos que cubren el cuerpo y las patas de las abejas. Cada vez que una abeja visita una flor, lleva el polen de una flor a otra, lo que ayuda a las flores a reproducirse. Si las abejas desaparecieran, ¿quién haría ese trabajo?

Scientists have warned that the number of bees in the world is decreasing. The use of pesticides, environmental changes, global heat, and the destruction of their natural habitat puts bees in great danger.

Los científicos han advertido que el número de abejas en el mundo está disminuyendo. El uso de pesticidas, los cambios medioambientales, el calor global y la destrucción de su hábitat natural ponen a las abejas en grave peligro.

The Migration of Monarch Butterflies: A Long Journey

La migración de las mariposas monarca: Un largo viaje

As you learned reading about the coral reefs and the Mariana Trench, living organisms develop adaptive features to survive in different environments. However, there are many species that choose to move when their conditions change. The monarch butterfly is one of those species that starts a journey to other lands at a certain moment of the year.

Como has aprendido leyendo sobre los arrecifes de coral y la Fosa de las Marianas, los organismos vivos desarrollan características adaptativas para sobrevivir en distintos entornos. Sin embargo, hay muchas especies que deciden desplazarse cuando cambian sus condiciones. La mariposa monarca es una de esas especies que emprende un viaje a otras tierras en un momento determinado del año.

The monarch butterflies' natural habitat is in the United States and Canada. They live in the forests, almost 2 miles above sea level. While the temperature stays between 32° and 59°F, monarch butterflies can stay there. However, these insects aren't prepared to survive low temperatures like all the other butterflies that can raise larvae and grow as pupae during the winter. If it is colder, butterflies need to use their fat reserves. Humidity is also important to help butterflies avoid drying out and losing all their energy.

El hábitat natural de las mariposas monarca se encuentra en Estados Unidos y Canadá. Viven en los bosques, a casi 3 km sobre el nivel del mar. Mientras la temperatura se mantiene entre 32° y 59°F, las mariposas monarca pueden permanecer allí. Sin embargo, estos insectos no están preparados para sobrevivir a las bajas temperaturas como el resto de mariposas, que pueden criar larvas y crecer como crisálidas durante el invierno. Cuando hace más frío, las mariposas necesitan utilizar sus reservas de grasa. La humedad también es importante para evitar que las mariposas se sequen y pierdan toda su energía.

Therefore, as autumn begins, monarch butterflies prepare to travel. They need to find a warmer environment.

Por eso, cuando empieza el otoño, las mariposas monarca se preparan para viajar. Necesitan encontrar un entorno más cálido.

Every autumn, millions of them fly 3,000 miles south to the Sierra Madre Mountains and Baja California (North and South) in Mexico. They are the only butterfly species capable of flying that distance. How do they know when or where they have to travel?

Cada otoño, millones de ellas vuelan 5.000 kilómetros hacia el sur, a las montañas de Sierra Madre y Baja California (norte y sur), en México. Son la única especie de mariposa capaz de volar esa distancia. ¿Cómo saben cuándo o adónde tienen que viajar

To head to their destination and not miss the route, they use a combination of air and heat currents. Nature's wisdom provides them with the information they need to arrive safely at their temporary home. These butterflies are also equipped to see and measure the position of the sun on the horizon. It works like a compass for them.

Monarch butterflies can travel an average of 50 to 100 miles a day. The complete journey, then, takes around two months until they finally make it to the forests in central Mexico. There, they prepare to hibernate the whole winter. They create cluster colonies to stay close and preserve their heat. The colonies are made up of thousands of butterflies. Although they weigh less than a gram, thousands of them together can break a tree branch!

Para dirigirse a su destino y no perder la ruta, utilizan una combinación de corrientes de aire y calor. La sabiduría de la naturaleza les proporciona la información que necesitan para llegar sanas y salvas a su hogar temporal. Estas mariposas también están equipadas para ver y medir la posición del sol en el horizonte. Funciona como una brújula para ellas.

Las mariposas monarca pueden recorrer un promedio de 50 a 100 millas al día. El viaje completo, por tanto, dura unos dos meses hasta que finalmente llegan a los bosques del centro de México. Allí se preparan para hibernar todo el invierno. Crean colonias en racimo para permanecer unidas y conservar el calor. Las colonias están formadas por miles de mariposas. Aunque pesan menos de un gramo, ¡miles de ellas juntas pueden romper la rama de un árbol!

In the last few years, the natural lodging for monarch butterflies in Mexico has changed. Forests have been cut down to use the lands for agriculture. In addition, people are using pesticides that contaminate the trees where the butterflies live and the plants they feed from. The milkweed is the only plant monarch butterflies depend on to obtain food and place their larvae. This species is being drastically reduced. All these factors put monarch butterflies in great danger.

En los últimos años, el alojamiento natural de las mariposas monarca en México ha cambiado. Se han talado los bosques para destinar las tierras a la agricultura. Además, la gente está usando pesticidas que contaminan los árboles donde viven las mariposas y las plantas de las que se alimentan. El algodoncillo es la única planta de la que dependen las mariposas monarca para obtener alimento y depositar sus larvas. Esta especie se está reduciendo drásticamente. Todos estos factores ponen a las mariposas monarca en grave peligro.

The Clever Octopus: Master of Disguise

El pulpo astuto: El maestro del disfraz

Octopuses are fascinating creatures that live on the seafloor. You wouldn't believe how smart these animals are! Keep reading to learn more about them!

This sea creature is an invertebrate animal. That means that it doesn't have bones or a spine. It belongs to the family of the cephalopods, which also includes squids. They have a big bulbous head and 8 limbs with suction cups.

Los pulpos son criaturas fascinantes que viven en el fondo del mar. ¡No te imaginas lo inteligentes que son! ¡Continúa leyendo para saber más sobre ellos!

Esta criatura marina es un animal invertebrado. Eso significa que no tiene huesos ni columna vertebral. Pertenece a la familia de los cefalópodos, que también incluye a los calamares. Tienen una gran cabeza bulbosa y 8 extremidades con ventosas.

Everything about octopuses is surprising. For instance, they have blue blood and three hearts. But that's not all! Even though they have a rather simple structure, and their limbs are directly connected to their brain, they are one of the most intelligent animals in nature.

This is because they don't have just one brain. Instead, they have a tiny brain in each of their limbs called tentacles. This enables them to move and react incredibly fast. But moving isn't the only task that tentacles can perform. They can touch and taste, and the eight of them can work independently from the others, yet they all work controlled by the main brain placed in the head. Amazing! Just imagine how many things we could do if we had eight arms!

Todo en los pulpos es sorprendente. Por ejemplo, tienen sangre azul y tres corazones. Pero eso no es todo. Aunque tienen una estructura bastante simple y sus extremidades están directamente conectadas a su cerebro, son uno de los animales más inteligentes de la naturaleza.

Esto se debe a que no tienen un solo cerebro. Tienen un cerebro diminuto en cada una de sus extremidades, llamadas tentáculos. Esto les permite moverse y reaccionar increíblemente rápido. Pero el movimiento no es la única tarea que pueden realizar los tentáculos. Pueden tocar y saborear, y los ocho pueden trabajar independientemente de los demás, aunque todos funcionan controlados por el cerebro principal situado en la cabeza. ¡Increíble! ¡Imagínate cuántas cosas podríamos hacer si tuviéramos ocho brazos!

However, octopuses are equipped with these features because, in their natural habitats, they have to deal with a lot of challenges. Where they live, there are many predators hunting them, so they need to be always ready to escape or hide.

Sin embargo, los pulpos están equipados con estas características porque, en sus hábitats naturales, tienen que enfrentarse a muchos retos. Donde viven, hay muchos depredadores que les dan caza, por lo que necesitan estar siempre listos para escapar o esconderse.

Wise nature has provided octopuses not only with a clever brain—and 8 mini additional brains—but also with great talent for camouflage. After millions of years of evolution (octopuses were among the first creatures to populate the seas), they have learned to change their appearance to avoid being caught. They turn invisible!

La sabia naturaleza ha dotado a los pulpos no sólo de un cerebro inteligente -y 8 minicerebros adicionales-, sino también de un gran talento para el camuflaje. Tras millones de años de evolución (los pulpos fueron de las primeras criaturas que poblaron los mares), han aprendido a cambiar de aspecto para evitar ser capturados. ¡Se vuelven invisibles!

They can change the color of their skin and even its texture to mix with the environment. And there's more! They have very flexible bodies, so they can adopt different shapes to fit in hiding places. The only part of their body they can't blend in is their beak.

Pueden cambiar el color de su piel e incluso su textura para mezclarse con el entorno. Y aún hay más. Tienen cuerpos muy flexibles, por lo que pueden adoptar diferentes formas para encajar en los escondites. La única parte de su cuerpo con la que no pueden mimetizarse es su pico.

They have one more defensive feature. When they feel threatened, they release a cloud of ink that darkens their surroundings. This gives octopuses time to escape without being seen.

Tienen otra característica defensiva. Cuando se sienten amenazados, liberan una nube de tinta que oscurece su entorno. Esto da a los pulpos tiempo para escapar sin ser vistos.

The Giant Panda: China's National Treasure

El panda gigante: El tesoro nacional de China

Pandas top the list of cutest animals and fantastic creatures on Earth. These furry giants captivate grown-ups and children with their sweet black-and-white faces. Giant pandas are originally from a specific region in the world and have a special meaning in Chinese culture, but they belong to the world's natural heritage.

Pandas are a subspecies of bears that can only be found in certain regions of China. Some time ago, they were spread throughout all of southeast Asia, but due to several factors, the number of individual pandas has been drastically reduced.

Los pandas encabezan la lista de animales más adorables y de criaturas fantásticas de la Tierra. Estos gigantes peludos cautivan a grandes y pequeños con sus dulces rostros en blanco y negro. Los pandas gigantes son originarios de una región concreta del mundo y tienen un significado especial en la cultura china, pero pertenecen al patrimonio natural mundial.

Los pandas son una subespecie de osos que sólo se encuentran en ciertas regiones de China. Hace algún tiempo, se extendían por todo el sudeste asiático, pero debido a varios factores, el número de ejemplares se ha reducido drásticamente.

It is believed that there are only about 1,800 pandas surviving in the wild, according to the World Wildlife Foundation (WWF). There are some others living in sanctuaries in different countries. Even though wild animals must live in their natural habitat, these sanctuaries are a way to spread the message to take care of pandas and their environment.

The giant panda has a familiar black and white coat, and they also have black patches around their eyes. Their ears and limbs and shoulders are also black. Adult pandas can be 4 feet tall or more, and they weigh between 220 and 330 pounds. The males are bigger than the females.

Se cree que sólo sobreviven unos 1.800 pandas en libertad, según la Fundación Mundial para la Naturaleza (WWF). Hay otros que viven en santuarios de distintos países. Aunque los animales salvajes deben vivir en su hábitat natural, estos santuarios son una forma de difundir el mensaje de cuidar a los pandas y su entorno.

El panda gigante tiene un conocido pelaje blanco y negro, y también manchas negras alrededor de los ojos. Sus orejas, extremidades y hombros también son negros. Los pandas adultos pueden medir 1,2 metros o más y pesar entre 1,2 y 1,8 kilos. Los machos son más grandes que las hembras.

Even though pandas are omnivores (animals that eat plants and meat) like the other species of bears, 99% of their diet consists of bamboo. It isn't coincidental that pandas live on the slopes of the mountains in China. Immense forests of bamboo trees grow in that region and nowhere else! Pandas need to be where bamboo is. They need to eat great amounts of bamboo, given their huge size.

Aunque los pandas son omnívoros (animales que comen plantas y carne) como las demás especies de osos, el 99% de su dieta consiste en bambú. No es casualidad que los pandas vivan en las laderas de las montañas de China. En esa región crecen inmensos bosques de bambú, ¡y en ningún otro lugar! Los pandas necesitan estar donde hay bambú. Necesitan comer grandes cantidades de bambú, dado su enorme tamaño.

Pandas are big, and they spend a lot of energy obtaining their food. Besides, bamboo leaves and stems aren't very nutritious. Therefore, pandas need to eat about 15% of their body weight every day to keep healthy. That's more than 80 pounds of bamboo each day!

Los pandas son grandes y gastan mucha energía para obtener su alimento. Además, las hojas y tallos de bambú no son muy nutritivos. Por eso, los pandas necesitan comer cada día alrededor del 15% de su peso corporal para mantenerse sanos. ¡Es decir, ¡más de 20 kilos de bambú al día!

Since they have to ingest so much food, pandas spend 12 hours a day eating. It seems like a lot, but in fact, they eat very quickly. They also spend a lot of hours sleeping, and they love to roll around just for fun. Despite their size, giant pandas are very nimble. They can climb 13,000 feet to fetch bamboo, and they are also skilled swimmers.

Como tienen que ingerir tanta comida, los pandas pasan 12 horas al día comiendo. Parece mucho, pero en realidad comen muy deprisa. También pasan muchas horas durmiendo, y les encanta revolcarse para divertirse. A pesar de su tamaño, los pandas gigantes son muy ágiles. Pueden trepar 4.000 metros para buscar bambú, y también son hábiles nadadores.

The pandas' natural habitat is in danger. As cities grow, forests are reduced and become designated for agriculture. That means that pandas have fewer places to live, and they can find less available food. Fortunately, in the last few years, the number of living pandas is increasing again!

El hábitat natural de los pandas está en peligro. A medida que crecen las ciudades, los bosques se reducen y se destinan a la agricultura. Eso significa que los pandas tienen menos lugares donde vivir y menos comida disponible. Afortunadamente, en los últimos años, ¡el número de pandas vivos está aumentando de nuevo!

The African Elephant: Gentle Giants

El elefante africano: Gigantes gentiles

African elephants are simply magnificent! They are the biggest land mammals. These animals are key to sustaining balance in their natural environments. Let's learn some interesting facts about them!

Los elefantes africanos son sencillamente magníficos. Son los mamíferos terrestres más grandes. Estos animales son clave para mantener el equilibrio en sus entornos naturales. ¡Conozcamos algunos datos interesantes sobre ellos!

Elephants can be found in Africa and Asia, but they belong to different species. They can be easily distinguished because they have particular features. The African species is called the African Savanna (or Bush) elephant. It is slightly bigger than the Asian elephant, and its ears are also bigger.

Los elefantes se encuentran en África y Asia, pero pertenecen a especies diferentes. Se distinguen fácilmente porque tienen características particulares. La especie africana se llama elefante africano de sabana (o de matorral). Es ligeramente más grande que el elefante asiático y sus orejas también son más grandes.

The African Savanna elephant is the largest animal in the world. A male adult can be almost 10 feet tall and weigh over 13,000 pounds. The only mammal bigger than the Bush elephant is the blue whale, but no one beats it on land! Although they reach their biggest size around the age of 35, they are huge from birth. A baby elephant can weigh over 200 pounds!

El elefante africano de sabana es el animal más grande del mundo. Un macho adulto puede medir casi 3 metros y pesar más de 5.000 kilos. El único mamífero más grande que el elefante de sabana es la ballena azul, ¡pero nadie le gana en tierra! Aunque alcanzan su mayor tamaño en torno a los 35 años, son enormes desde que nacen. ¡Una cría de elefante puede pesar más de 90 kilos!

In the wild, these elephants can live between 60 to 70 years. They live in the plains of the large savanna that spans the border of the Sahara Desert and in the forests of Central and West Africa. Nature has provided them with special features that allow them to withstand extreme heat.

En estado salvaje, estos elefantes pueden vivir entre 60 y 70 años. Viven en las llanuras de la gran sabana que bordea el desierto del Sahara y en los bosques de África Central y Occidental. La naturaleza les ha dotado de características especiales que les permiten soportar el calor extremo.

For instance, their ears act like radiators: Elephants use them to dissipate heat and also to fan themselves. They have another unique resource: their trunk. An elephant's trunk has about 150,000 muscles. That's a lot! They use them for a number of tasks.

Por ejemplo, sus orejas actúan como radiadores: Los elefantes las utilizan para disipar el calor y también para abanicarse. Tienen otro recurso único: su trompa. La trompa de un elefante tiene unos 150.000 músculos. ¡Son muchísimos! Los utilizan para varias tareas.

When they are hot, elephants suck up water with their trunks and spray it on their body as if it was a shower. They also do something similar with dust. Elephants use dust and mud to cover and protect their skin from the sun. They have very thin skin, and their wrinkles help them to stay cool.

Cuando tienen calor, los elefantes aspiran agua con la trompa y se la rocían por el cuerpo como si fuera una ducha. También hacen algo parecido con el polvo. Los elefantes utilizan el polvo y el barro para cubrirse y protegerse la piel del sol. Tienen la piel muy fina y sus arrugas les ayudan a mantenerse frescos.

Their tusks are another distinctive feature of African elephants. They are made of ivory, a very expensive and desirable material. That's one of the main reasons why elephants are in danger. People hunt them to take their tusks and sell the ivory. According to the WWF's records, there are about 415,000 African elephants living in the wild at present.

Sus colmillos son otro rasgo distintivo de los elefantes africanos. Están hechos de marfil, un material muy caro y codiciado. Esa es una de las principales razones por las que los elefantes están en peligro. La gente los caza para llevarse sus colmillos y vender el marfil. Según los registros del Fondo Mundial para la Naturaleza (WWF), actualmente unos 415.000 elefantes africanos viven en estado salvaje.

The Emperor Penguin: Life in Antarctica

El pingüino emperador: La vida en la Antártida

From the warm and wild savanna, we travel south to the icy lands of Antarctica to meet another amazing animal: the penguin. These charismatic little creatures dressed in black and white suits have a lot of curious things to tell us!

Desde la cálida y salvaje sabana, viajaremos al sur, a las gélidas tierras de la Antártida, para conocer a otro animal asombroso: el pingüino. ¡Estas carismáticas criaturitas vestidas de blanco y negro tienen muchas cosas curiosas que contarnos!

There are 17 species of penguins in the world, and 7 of them live in the Antarctica continent. The most recognizable is the emperor penguin. It is the largest penguin and can reach over 3 feet tall. They have a distinctive yellow coloring around their black face and neck.

Hay 17 especies de pingüinos en el mundo, y 7 de ellas viven en el continente antártico. El más reconocible es el pingüino emperador. Es el pingüino más grande y puede llegar a medir más de 1 metro. Tienen una coloración amarilla distintiva alrededor de su cara y cuello negros.

The weather conditions in Antarctica are extreme, but penguins have adapted to them. They can endure temperatures of -148°F and winds blowing over 120 mph. Their feathers have an oil covering that keeps them warm and dry, which is very important in an environment that is always covered in ice and snow.

Although penguins are birds, they can't fly. Instead, they have all the required features and skills to be excellent swimmers. The feathers keep them dry through their coat, and that allows them to swim in the frozen waters of the southern oceans. Their wings are used as paddles equipped with strong muscles allowing them to move as fast as 25 mph, even against the waves.

Las condiciones climáticas de la Antártida son extremas, pero los pingüinos se han adaptado a ellas. Pueden soportar temperaturas de -148°F y vientos que soplan a más de 120 mph. Sus plumas están recubiertas de un aceite que las mantiene calientes y secas, lo cual es muy importante en un entorno siempre cubierto de hielo y nieve.

Aunque los pingüinos son aves, no pueden volar. En cambio, tienen todas las características y habilidades necesarias para ser excelentes nadadores. Las plumas los mantienen secos gracias a su pelaje, y eso les permite nadar en las aguas heladas de los océanos australes. Sus alas las utilizan como remos dotados de fuertes músculos que les permiten desplazarse a una velocidad de hasta 40 km/h, incluso contra las olas.

On the shore, they don't move that elegantly or very fast. Instead, they have a funny walk due to their short legs and small webbed feet. They settle their colonies called rookeries on the shores. One single rookery can have a million penguins!

En la orilla, no se mueven tan elegantemente ni tan rápido. En cambio, tienen un andar gracioso debido a sus patas cortas y a sus pequeños pies membranosos. Establecen sus colonias, llamadas colonias de grajos, en las costas. ¡Una sola colonia puede tener un millón de pingüinos!

Life isn't that easy for penguins. They don't have problems with the weather, but they have to compete for their food with many other species. They eat mostly fish and krill, like other sea animals and birds. In addition, penguins have a lot of predators in their natural habitat. Sea lions, fur seals, whales, and sharks are a permanent threat to them.

La vida no es tan fácil para los pingüinos. No tienen problemas con el clima, pero tienen que competir por su comida con muchas otras especies. Comen sobre todo pescado y krill, como otros animales marinos y aves. Además, los pingüinos tienen muchos depredadores en su hábitat natural. Leones marinos, focas peleteras, ballenas y tiburones, son una amenaza permanente para ellos.

However, for penguins, the greatest menace comes from human beings' activities. Global warming is melting the glaciers, reducing their natural habitat.

Sin embargo, para los pingüinos, la mayor amenaza proviene de las actividades del ser humano. El calentamiento global está derritiendo los glaciares, reduciendo su hábitat natural.

The Curious Life of Bats: Nighttime Flyers

La curiosa vida de los murciélagos: voladores nocturnos

They might look kind of scary, and perhaps they aren't the prettiest creatures of the animal kingdom, but bats aren't bad at all. Bats are usually included in horror movies, and we often see them in Halloween decorations, but the truth is that they are quite harmless.

Pueden dar un poco de miedo, y quizá no sean las criaturas más bonitas del reino animal, pero los murciélagos no son malos en absoluto. Los murciélagos suelen aparecer en las películas de terror y a menudo los vemos en las decoraciones de Halloween, pero lo cierto es que son bastante inofensivos.

These little winged animals that can fly aren't birds. Instead, they are mammals. They are the only mammals with the ability to fly, and they are highly skilled at it. They can stop and change direction as they fly.

Estos pequeños animales alados que pueden volar no son aves. Son mamíferos. Son los únicos mamíferos con la capacidad de volar, y son muy hábiles en ello. Pueden detenerse y cambiar de dirección mientras vuelan.

Bats can be found anywhere on the globe except for the poles and some distant isolated islands. There are over 1,100 species of bats, and 40 of them live in the United States. Their favorite places to hide during the day are caves or dark places. Most of them don't like the sunlight.

Most bats are nocturnal creatures. That means that they do all their daily activities after dark. They have developed an ability called echolocation that allows them to find their prey in the dark. They emit very low noises and hear the echo of those noises when they meet the insects they want for a meal.

Los murciélagos pueden encontrarse en cualquier parte del mundo, excepto en los polos y en algunas islas lejanas y aisladas. Hay más de 1.100 especies de murciélagos, y 40 de ellas viven en los Estados Unidos. Sus lugares favoritos para esconderse durante el día son las cuevas o los lugares oscuros. A la mayoría no les gusta la luz del sol.

La mayoría de los murciélagos son criaturas nocturnas. Eso significa que realizan todas sus actividades diarias al anochecer. Han desarrollado una habilidad llamada ecolocalización que les permite encontrar a sus presas en la oscuridad. Emiten ruidos muy bajos y oyen el eco de esos ruidos cuando se encuentran con los insectos que quieren para comer.

Regarding what they eat, bats can be divided into two groups. One group of bats eats insects and fruits; the other prefers blood, but only from animals like cows or horses. The latter are called vampire bats. However, there's no reason to be afraid of them. They don't like human beings!

En cuanto a lo que comen, los murciélagos pueden dividirse en dos grupos. Un grupo de murciélagos come insectos y frutas; el otro prefiere la sangre, pero sólo de animales como vacas o caballos. Estos últimos se llaman murciélagos vampiro. Sin embargo, no hay por qué tenerles miedo. ¡No les gustan los seres humanos!

Bats don't get along with cold, either. Therefore, they hibernate in the winter. Since it is difficult for them to find good caves or hollows to shelter, when they find a place to live, they can form colonies of millions of individuals.

Los murciélagos tampoco se llevan bien con el frío. Por eso hibernan en invierno. Como les resulta difícil encontrar buenas cuevas o huecos donde refugiarse, cuando encuentran un lugar donde vivir pueden formar colonias de millones de individuos.

The way bats roost is very curious and funny. They hang upside down from their legs and hind feet. They cover themselves with their wings, which are made of a flexible membrane. It is still unknown why bats sleep that way. One theory explains that bats need to fall to start flying. This way, they can be sure to fly immediately if they need to escape.

La forma en que los murciélagos se posan es muy curiosa y divertida. Se cuelgan cabeza abajo de sus extremidades traseras. Se cubren con las alas, que están hechas de una membrana flexible. Aún se desconoce por qué los murciélagos duermen de esa manera. Una teoría explica que los murciélagos necesitan caerse para empezar a volar. De este modo, pueden estar seguros de volar inmediatamente si necesitan escapar.

The Majestic Blue Whale: The Largest Animal on Earth

La majestuosa ballena azul: El animal más grande de la Tierra

You have learned that the African elephant is the biggest land animal, but now, you'll meet the largest animal of all: the blue whale. Here are some amazing facts about these whales!

Ya has aprendido que el elefante africano es el animal terrestre más grande, pero ahora conocerás al animal más grande de todos: la ballena azul. ¡Aquí tienes algunos datos asombrosos sobre estas ballenas!

This species of whale is typically in the Antarctic Ocean, but they can be found everywhere. They normally go near the poles in the summer to eat, and in the winter, they migrate to the Equator.

Esta especie de ballena suele estar en el Océano Antártico, pero se pueden encontrar en todas partes. Normalmente se acercan a los polos en verano para comer, y en invierno emigran al Ecuador.

A blue whale can be 80 to 100 feet long and weigh over 400,000 pounds. That would be about 33 African elephants! In fact, just its tongue is as heavy as an elephant, and its heart is as big as a small car.

Una ballena azul puede medir entre 80 y 100 pies de largo y pesar más de 400.000 libras. ¡Eso equivaldría a unos 33 elefantes africanos! De hecho, sólo su lengua pesa lo mismo que un elefante, y su corazón es tan grande como un coche pequeño.

Such a big animal demands great amounts of food. For instance, blue whales need to eat over 7,000 pounds of krill (a very tiny species of fish very abundant in the southern oceans) every day.

Un animal tan grande exige grandes cantidades de alimento. Por ejemplo, las ballenas azules necesitan come más de 2.000 kilos de krill (una especie muy diminuta de pez muy abundante en los océanos australes) cada día.

They have a sophisticated technique to catch them. Krill are very little fish, and whales have to eat a lot of them, so they can't fish for them one by one. Instead, they swallow a mouthful of water. Blue whales don't have teeth, but they have a fringed membrane and a baleen in their mouths. The water with krill is stored for a while in the baleen, and the water is pushed out with the tongue through the fringed membrane. The water leaves their mouth, and the krill is left inside.

Disponen de una sofisticada técnica para capturarlos. El krill es un pez muy pequeño y las ballenas tienen que comer muchos, por lo que no pueden pescarlos uno a uno. En su lugar, tragan un bocado de agua. Las ballenas azules no tienen dientes, pero sí una membrana con flecos y barbas en la boca. El agua con krill se almacena durante un tiempo en las barbas, y el agua es empujada hacia fuera con la lengua a través de la membrana con flecos. El agua sale de la boca y el krill queda dentro.

Blue whales live very long lives. As far as scientists know, the oldest living whale was 110 years old. On average, they live between 80 to 90 years. It is a bit more than elephants, but still much less than Galapagos tortoises!

Las ballenas azules viven mucho tiempo. Hasta donde saben los científicos, la ballena viva más vieja tenía 110 años. En promedio, viven entre 80 y 90 años. ¡Un poco más que los elefantes, pero mucho menos que las tortugas de las Galápagos!

Besides being so long-lived and being the largest animal on Earth, blue whales have another record: They are also the loudest. They have developed a communication system, and they emit sounds to speak to each other at great distances. The sounds they emit reach 188 decibels. That is much louder than a jet engine, which can only reach 140 decibels.

Además de ser tan longevas y de ser el animal más grande de la Tierra, las ballenas azules tienen otro récord: También son las más ruidosas. Han desarrollado un sistema de comunicación y emiten sonidos para hablar entre ellas a grandes distancias. Los sonidos que emiten alcanzan los 188 decibeles. Es mucho más fuerte que un motor a reacción, que sólo puede alcanzar 140 decibeles.

The most amazing thing is that the sounds travel across the ocean's water. The whistles emitted by the whales can be heard hundreds of miles away. It is believed that they use this to attract other blue whales, although no message has been decoded yet.

Lo más sorprendente es que los sonidos viajan a través del agua del océano. Los silbidos emitidos por las ballenas pueden oírse a cientos de kilómetros de distancia. Se cree que lo utilizan para atraer a otras ballenas azules, aunque aún no se ha descifrado ningún mensaje.

Discovering Chameleons: Nature's Colorful Masters of Camouflage

Descubriendo al camaleón: El colorido maestro del camuflaje de la naturaleza

You already learned about one of the kings of camouflage in the animal kingdom when you read about the octopus. However, it has a great competitor on land: the chameleon. However, chameleons change the color of their skin for very different reasons. Let's find out!

Chameleons are reptiles. They belong to the family of lizards, and there are over 150 species in the world. Each of them has different features, but something they all have in common is their eyes, which are placed at each side of their head. The most curious thing about them is that their eyes can move in two different directions at the same time.

Ya has conocido a uno de los reyes del camuflaje en el reino animal cuando leíste sobre el pulpo. Sin embargo, tiene un gran competidor en la tierra: el camaleón. En cambio, los camaleones cambian el color de su piel por motivos muy diferentes. ¡Averigüémoslo!

Los camaleones son reptiles. Pertenecen a la familia de los lagartos y existen más de 150 especies en el mundo. Cada una de ellas tiene características diferentes, pero algo que todas tienen en común son sus ojos, situados a cada lado de la cabeza. Lo más curioso es que sus ojos pueden moverse en dos direcciones distintas al mismo tiempo.

Chameleons are found in different types of ecosystems: savannas, rainforests, semi-desserts, and steppes. There are species of chameleons living in Madagascar and all of the African continent, some countries in Europe like Spain and Portugal, and Asia.

Los camaleones se encuentran en distintos tipos de ecosistemas: sabanas, selvas tropicales, zonas semidesérticas y estepas. Hay especies de camaleones que viven en Madagascar y en todo el continente africano, en algunos países de Europa, como España y Portugal, y en Asia.

As reptiles, their skin continues to grow and change throughout their lives. Eventually, they change it, but not all at once like snakes. Instead, they lose little pieces at a time, and it's gradually replaced with new skin.

Como reptiles que son, su piel sigue creciendo y cambiando a lo largo de su vida. Con el tiempo, la cambian, pero no toda a la vez como las serpientes. En lugar de eso, pierden pequeños trozos cada vez, y poco a poco se reemplazan por piel nueva.

The color of their skin depends mostly on the environment where they live. Those who live in wet rainforests in Africa are green, while those that live in arid zones are brown. That helps them to camouflage themselves with their surroundings and to avoid predators.

El color de su piel depende sobre todo del entorno en el que viven. Los que viven en selvas húmedas de África son verdes, mientras que los que viven en zonas áridas son marrones. Eso les ayuda a camuflarse con el entorno y a evitar a los depredadores.

However, they don't change the color of the skin as a part of their camouflage strategy (like the octopus does). Chameleons change color to express emotions and communicate with other chameleons or to repel their enemies. They also change color to regulate their inner temperature. Darker colors absorb the sun's rays better, and it helps them preserve heat. They are cold-blooded animals, so this feature is very important for their survival.

Sin embargo, no cambian el color de la piel como parte de su estrategia de camuflaje (como hace el pulpo). Los camaleones cambian de color para expresar emociones y comunicarse con otros camaleones o para repeler a sus enemigos. También cambian de color para regular su temperatura interior. Los colores más oscuros absorben mejor los rayos del sol y eso les ayuda a conservar el calor. Son animales de sangre fría, por lo que esta característica es muy importante para su supervivencia.

The Fast and Fierce Cheetah: The Speediest Hunter

El guepardo rápido y feroz: El cazador más veloz

This book wouldn't be complete if we didn't dedicate a section to the speed master on land: the invincible cheetah. Meet the fastest mammal in the world!

Este libro no estaría completo si no dedicáramos una sección al maestro de la velocidad en tierra: el invencible guepardo. ¡Conoce al mamífero más rápido del mundo!

The cheetah is mostly found in Africa, although there are some in Asia. However, the total population of cheetahs is shrinking.

El guepardo se encuentra sobre todo en África, aunque hay algunos en Asia. Sin embargo, la población total de guepardos está disminuyendo.

These speedy animals prefer to hunt during the day to avoid other big felines that do it at night, especially lions. These are a real threat for cheetahs, not only because lions would attack them but also because the lions would steal their food. Their prey are usually medium sized animals like impalas, gazelles, and antelopes, but also small animals like birds and rodents.

Estos veloces animales prefieren cazar de día para evitar a otros grandes felinos que lo hacen de noche, especialmente los leones. Éstos son una verdadera amenaza para los guepardos, no sólo porque los leones les atacarían sino también porque les robarían su comida. Sus presas suelen ser animales medianos como impalas, gacelas y antílopes, pero también animales pequeños como pájaros y roedores.

Since they have to hunt in daylight, cheetahs have a highly developed sight and a wide field of vision. They can identify their prey at a far distance on the horizon and usually climb to high branches of trees to be able to see even further.

Como tienen que cazar a la luz del día, los guepardos tienen una vista muy desarrollada y un amplio campo de visión. Pueden identificar a sus presas a gran distancia en el horizonte y suelen trepar a las ramas altas de los árboles para poder ver aún más lejos.

The body of the cheetah is fully prepared to run at the highest speed. They have a unique flexible spine that allows them to compress and stretch out. This way, a cheetah can cover 30 feet in just one stride. They can take four complete strides in one second. Their tail, the extreme of that spine, helps the cheetah to stabilize and keep its equilibrium.

El cuerpo del guepardo está totalmente preparado para correr a la máxima velocidad. Tienen una columna vertebral flexible única que les permite comprimirse y estirarse. De este modo, un guepardo puede recorrer 9 metros en una sola zancada. Pueden dar cuatro zancadas completas en un segundo. Su cola, el extremo de esa espina dorsal, ayuda al guepardo a estabilizarse y mantener el equilibrio.

When they chase prey, cheetahs can reach a speed of 60 or even 70 miles per hour for short distances. Even though they are the fastest, they can't keep up that speed for a long time. It takes a great effort to run at that speed. Therefore, they must catch their prey in 30 seconds or less before they overheat.

Do you want to know one more curious fact about cheetahs? Unlike the rest of the big felines that roar, cheetahs purr, like kitties!

Cuando persiguen a sus presas, los guepardos pueden alcanzar una velocidad de 100 o incluso 110 km/h en distancias cortas. Aunque son los más rápidos, no pueden mantener esa velocidad durante mucho tiempo. Se necesita un gran esfuerzo para correr a esa velocidad. Por eso, deben atrapar a su presa en 30 segundos o menos antes de sufrir un sobrecalentamiento.

¿Quieres saber un dato curioso más sobre los guepardos? A diferencia del resto de los grandes felinos que rugen, los guepardos ronronean, ¡como los gatitos!

AFTERWORD

PALABRAS FINALES

We have come to the end of our journey. On these pages, you learned about how the things you use in your daily life were invented, about the stories of inspiring people that left a trace for humankind, about amazing places built by nature and human beings throughout history, and about the most incredible animals that live in nature.

You and all the children are the hope for our planet. You will inherit this natural and cultural legacy. Now, you know more about the world where you live and also how important it is to take care of it. Hopefully, these stories you have read will inspire you to love and take care of nature and also encourage you to pursue your dreams.

Hemos llegado al final de nuestro viaje. En estas páginas has aprendido cómo se inventaron las cosas que utilizas en tu vida diaria, las historias de personas inspiradoras que dejaron huella en la humanidad, lugares asombrosos creados por la naturaleza y los seres humanos a lo largo de la historia, y los animales más increíbles que viven en la naturaleza.

Tú y todos los niños son la esperanza de nuestro planeta. Ustedes heredarán este legado natural y cultural. Ahora sabes más sobre el mundo en el que vives y también lo importante que es cuidarlo. Confiamos en que estas historias que has leído te inspiren a amar y cuidar la naturaleza y también te animen a perseguir tus sueños.

We hope you have enjoyed this trip and that everything you've learned makes you want to know more and more! Our planet is full of wonders to discover and mysteries to solve. They are waiting for children like you, curious and brave enough to go for them. This book is only the beginning of greater and endless adventures!

¡Esperamos que hayas disfrutado de este viaje y que todo lo que has aprendido te haga querer saber más y más! Nuestro planeta está lleno de maravillas por descubrir y misterios por resolver. Están esperando a niños como tú, curiosos y lo bastante valientes como para ir tras ellos. ¡Este libro es sólo el principio de grandes e infinitas aventuras!

Made in the USA
Coppell, TX
08 December 2025